gutes leben
bene!

Uwe Birnstein
Volker Eichener

HIGHWAY TO HEAVEN

Die spirituelle Botschaft in
Songs von AC/DC bis Led Zeppelin

INHALT

INTRO

Welche Songs sind im Soundtrack Ihres Lebens zu hören? Viele Menschen wissen noch, welche Musik bei ihrem ersten Tanz spielte, beim ersten Kuss, beim ersten Verlieben. Welche Songs am Lagerfeuer oder bei der Party gesungen wurden. Um die Liebe drehen sich wohl die meisten dieser Songs. Doch Popsongs erzählen nicht nur von der irdischen Liebe. Erstaunlich viele sprechen auch »himmlische« Gefühle an – die einen mehr, die anderen weniger.

AC/DC etwa haben die *Straße zur Hölle* gewählt, während Led Zeppelin die *Treppe zum Himmel* bevorzugten. Zwei Hard-Rock-Bands, deren Songs sich mit spirituellen Themen befassen – auch wenn Himmel und Hölle die entgegengesetzten Enden des Spektrums markieren.

Die meisten Pop- und Rockmusikerinnen und -musiker entsprechen schon von ihrem Outfit und erst recht von ihrem Lebenswandel her nicht gerade dem Bild, das man von frommen Kirchgängern hat. Viele von ihnen weisen Glaubensbiografien auf, die alles andere als geradlinig verliefen. Ihre Gottes- und Jesusbilder sind häufig sehr persönlich geprägt. Oft haben sie damit auch Anstoß erregt – sei es bei Vertretern evangelikaler Glaubensgemeinschaften oder sogar im Vatikan. Andere Musikerinnen und Musiker überraschen dagegen mit erstaunlich konservativen, bisweilen sogar mittelalterlich wirkenden religiösen Botschaften, die man ihnen kaum zugetraut hätte. In einigen Songs gehen sie schwierige Fragen auch mit viel philosophischem Tiefgang an – besonders, wenn es um die Frage geht, warum ein liebender Gott so viel Leid in der Welt duldet. Oft sind es sogar die besten und bekanntesten Stücke der jeweiligen Musiker, die sich mit Glaubensfragen befassen.

Sympathie mit Gott kommt in allen Genres der Rock- und Popmusik zum Ausdruck: in Folksongs, in Countrysongs, in Pop- und Dance-Pop-Nummern, in Deutsch-Rock- und Deutsch-Pop-Liedern, in veritablen Rock-, Hard-Rock- und sogar Heavy-Metal-Songs. Das gruselige Auftreten manch einer Band kann durchaus mit frommer Religiosität einhergehen. Die verschiedenen musikalischen Genres sind ein Spiegelbild der gesellschaftlichen Vielfalt, die auch in der Vielfalt der Musikgeschmäcker Ausdruck finden.

Mitunter sind die Zugänge zu Gott unkonventionell: Da wird schon einmal ganz respektlos gefragt, ob er nicht genau so ein Schlunz sei wie du und ich; da erscheint Jesus, wie er sich eine Zigarette anzündet; da erklingt das Halleluja aufgrund des Lebenswandels des Musikers »gebrochen«, da wird sogar von sexueller Vereinigung mit Gott gesungen – ein Thema, das sich übrigens schon seit dem Mittelalter durch das mystische Christentum zieht. Aber war nicht auch Jesus unkonventionell? Hat nicht auch er die Scheinheiligkeit der Pharisäer angegriffen, hat er nicht die Händler und Geldwechsler aus dem Tempel vertrieben, hat er sich nicht von einer Prostituierten salben und küssen lassen?

Aber so unkonventionell und individuell die Gottesbilder auch sind, die sich in Pop- und Rocksongs finden: Sie sind Ausdruck eines Glaubens. Die Musiker bekennen sich mit ihren Liedern zu ihrem Glauben und erreichen damit ein

Publikum von Millionen – einige von ihnen sogar von Milliarden – von Menschen. Die technischen Möglichkeiten haben es noch nie so einfach gemacht wie heute, praktisch jederzeit und überall Musik zu hören. Musik dringt tiefer in die Seele ein als alles andere – das hatte schon der Philosoph Platon erkannt, und das ist auch der Grund, warum die Musik in Gottesdiensten eine so große Rolle spielt.

Und die Herzen der Menschen zu erreichen, ist heute wichtiger denn je geworden. Die Welt wird nämlich ungemütlicher. Kaltherzigkeit scheint um sich zu greifen, Egoismus, Intoleranz, Aggressivität, sogar Gewalt. Es werden Kriege geführt – auch an der Grenze zu Europa. Viele Menschen fühlen sich unsicher – das bringt den gesellschaftlichen Zusammenhalt in Gefahr, ebenso die freiheitliche Demokratie. Wir müssen dieser Entwicklung Werte der Menschlichkeit entgegensetzen. Jesus von Nazareth hat eine Botschaft voller Toleranz und Nächstenliebe verkündet. Eine Botschaft der Solidarität mit den Schwachen und Ausgestoßenen, der Ehrlichkeit und der Friedfertigkeit. Auf der biblischen Aussage, dass wir alle Gottes Kinder, ja Gottes Ebenbilder sind, gründet das so wichtige Konzept der Würde jedes Menschen, die die Grundlage der Menschenrechte und des Wertekatalogs ist, der unserem Grundgesetz und dem Vertrag über die Europäische Union zugrunde liegt.

Allerdings ist von Toleranz und Nächstenliebe in der Öffentlichkeit immer seltener etwas zu hören. Umso wichtiger ist es, dass es bekannte Pop- und Rocksongs gibt, die Jesu Botschaft der Menschlichkeit verbreiten. Denn über die Musik mag sie den Weg in die Herzen der Menschen vielleicht leichter finden als durch eine spröde Predigt. Ein Song ist wie eine Straße, auf der wir reisen. Die Straße mag holperig sein, sie mag gewunden sein, wie es in der alten Legende heißt, aber sie kann zum Himmel führen: *Highway to Heaven.* Wir laden Sie ein auf eine Reise in verschiedene Genres der Pop- und Rockmusik – eine Reise, die manche Überraschung bereithalten wird. Eine Reise, bei der Sie auch dem Soundtrack Ihres Lebens nachgehen können – und ihm womöglich nach der Lektüre neue Songs hinzufügen.

Unterstützung bei Ihrer Reise finden Sie auf der Website zu unserem Projekt: www.highway-to-heaven.info. Dort finden Sie Links zu Song-Videos und zu den Original-Songtexten, die wir aus urheberrechtlichen Gründen in diesem Buch leider nicht abdrucken können.

Uwe Birnstein *Volker Eichener*

1.

Der Pfad zum Himmel ist dornig: STAIRWAY TO HEAVEN von Led Zeppelin

Genre: Hard-Rock

Komposition/Text: Jimmy Page / Robert Plant

Interpreten: Led Zeppelin

Erscheinungsdatum: 1971 auf dem Album *Led Zeppelin IV* (Atlantic)

Auszeichnungen: 4x Platin (in verschiedenen Ländern); Nr. 1 bei Ten of the Best Songs Ever! von Classic Rock; Nr. 3 bei The 100 Greatest Rock Songs of All Time von VH1; Nr. 1 bei 100 Greatest Guitar Solos von Guitar World; Grammy Hall of Fame Award; The Rock and Roll Hall of Fame's 500 Songs that Shaped Rock and Roll; Nr. 31 bei The 500 Greatest Songs of All Time des Rolling Stone u. a.

Es stimmt wirklich, dass es in einigen amerikanischen Musikgeschäften das Verbot gibt, *Stairway to Heaven* zu spielen, wenn man eine Gitarre ausprobiert. Das liegt nicht daran, dass dieses acht Minuten lange, musikalisch komplexe Stück nicht gut wäre – im Gegenteil. *Stairway to Heaven* ist vielleicht das bekannteste, am häufigsten im Radio gespielte und schönste Rockstück aller Zeiten – so schön, dass man es dem Verkaufspersonal nicht verdenken kann, wenn es das Lied nicht täglich mehrere Dutzend Mal aus der Hand von Hobbygitarristen hören möchte.

Schon der Titel sagt, dass es um Spirituelles geht. Die ersten Ideen zu dem Song waren Jimmy Page und Robert Plant in der walisischen Berghütte Bron-Yr-Aur gekommen, wo sie sich ohne Wasseranschluss und elektrischen Strom denkbar weit entfernt von der urbanen Glitzerwelt des Konsum-Materialismus befanden, die das Lied so heftig kritisiert. Und die mystischen Nebel der walisischen Landschaft sind auch noch in manche der mitunter rätselhaften Verse hineingewabert. Denn Robert Plant war fasziniert von dem Buch *The Magic Arts in Celtic Britain,* das von Druiden, dem Heiligen Gral und der Artus-Legende handelt. Auch der *Herr der Ringe,* den Robert Plant gern las, hatte einen Einfluss – ein Fantasy-Romanwerk des gläubigen Katholiken J. R. R. Tolkien, das die christliche Botschaft, dass das Gute über das Böse siegt, in ein fantastisches mythologisches

Gewand hüllt. Plant war selbst katholisch aufgewachsen und kannte seine Bibel so gut, dass er seinen Bandkollegen den gleichen Spitznamen »Söhne des Donners« gab wie Jesus den Aposteln Jakobus d. Ä. und Johannes (Markus 3,17). Und auch *Stairway to Heaven* ist voller Anspielungen auf Bibelstellen.

Das Haus, in dem die Noten und der Text von *Stairway to Heaven* letztlich zu Papier gebracht wurden, war nicht viel komfortabler. Headley Grange im südenglischen Hampshire war ein ehemaliges Armenhaus aus dem Jahr 1795, in dem es zwar elektrischen Strom gab, wo aber die Heizung nicht funktionierte. Immerhin knisterte ein Feuer im offenen Kamin. Jimmy Page und Robert Plant saßen davor. Es herrschte eine eigentümliche, friedliche Stimmung. Page schrummte die Akkorde, die ihm schon in Bron-Yr-Aur eingefallen waren, und Plant, der eigentlich in schlechter Stimmung war, hatte einen Stift und Papier in der Hand. Und dann, sagte er später, sah er »ganz plötzlich«, wie seine Hand die Eingangsverse auf das Papier kritzelte. Und die überraschten ihn selbst, wie er sich erinnert: »Ich saß da einfach und blickte auf die Worte und ich fiel fast vom Stuhl.«[1] Am Nachmittag des nächsten Tages schrieb Plant fast den gesamten Rest des Textes. Jahrzehnte später beschrieb er, wie die Inspiration über ihn kam: »Die Worte kamen zu mir, in einer Sitzung, als ob ich geführt worden wäre, das niederzuschreiben, was ich schrieb. Also war es vielleicht eine Macht. Und ich denke darüber viel nach.«[2] Es war wohl so etwas wie eine Eingebung, das, was antike Künstler als »Kuss der Muse« bezeichneten. Und es war eine spirituelle Eingebung.

Bei seiner Premiere am 5. März 1971 im nordirischen Ulster fiel der Song beim Publikum allerdings noch durch.

Die Menschen hatten wohl andere Erwartungen an ein Led-Zeppelin-Stück und in der aufgeheizten Bürgerkriegsatmosphäre wenig Sinn für spirituelle Ermahnungen. Der Kulturjournalist Björn Springorum erklärt die anfängliche Ablehnung damit, dass »alles« an diesem Song »revolutionär« gewesen sei: »Der mittelalterliche, folkige Tolkien-Beginn, die langsame Steigerung in einen Hard-Rock-Furor, die zwölfsaitige Gitarre, das unsterbliche Solo, der geheimnisvolle Text, zusammengenommen bilden sie alle das große Narrativ dieser Musik, vorgetragen von den Humboldts des Hard Rock [...].«[3]

Wovon aber singt Robert Plant zu den zarten Arpeggios von Jimmy Pages akustischer Gitarre und der sanften Flötenmelodie?

Die erste Strophe setzt das Thema: Wie schon der Titel des Songs sagt, geht es darum, wie man das ewige Leben erlangt, das u.a. im Johannesevangelium den Gläubigen und den Gerechten versprochen wird: »Es kommt die Stunde, in der alle, die in den Gräbern sind, seine Stimme hören werden, und es werden hervorgehen, die Gutes getan haben, zur Auferstehung des Lebens, die aber Böses getan haben, zur Auferstehung des Gerichts.« (Johannes 5,28–29; ähnlich Matthäus 25,46) Robert Plant singt jedoch von einer namenlosen Lady, die wohlhabend, egoistisch, oberflächlich, fordernd und überzeugt davon ist, dass sie für ihr Geld alles bekommt, was sie will, sogar eine Treppe zum Himmel. Anspielungen an den Ablasshandel kommen in den Sinn. Wenn sie glaubt, dass alles, was glitzert, Gold ist, ist das zunächst Kritik an der Konsumgesellschaft, die in den Jahren um 1968 *en vogue* war und in vielen Rocksongs musikalisch-lyrisch verarbeitet wurde – etwa in *Satisfaction* von den

Rolling Stones oder in *Mercedes Benz* von Janis Joplin. Es ist aber auch eine Anspielung darauf, dass, als der Song geschrieben wurde, (esoterische) Wege zur Glückseligkeit tatsächlich für teuer Geld verkauft wurden – in Form von Seminaren oder Ashrams bei geschäftstüchtigen Gurus. Die Beatles, viele Musikerkollegen und Prominente haben diesen Weg auch ausprobiert – freilich mit unterschiedlichen Ergebnissen.

Die zweite Strophe beginnt mit einem Bezug auf das Menetekel aus dem biblischen Buch Daniel (5,5–30), das dem König Belsazar seinen Untergang ankündigte. Die Lady beschwichtigt sich jedoch selbst und ist fest entschlossen, alle Warnungen zu missachten. Und der Sänger fragt sich, ob mit der Dame alles noch stimmt.

In der dritten Strophe wird es persönlich. Der Sänger will aus der Konsumgesellschaft ausbrechen und nach Westen reisen, wo der Garten Eden lag und wo auch die keltische Mythologie die Anderswelt verortete. Und es kommen erste mythologische Anspielungen. Der Sänger sieht Rauchringe (die schon in Bob Dylans *Mr. Tambourine Man* erschienen), die uns an den guten Zauberer Gandalf aus Tolkiens *Herr der Ringe* erinnern. Es wird auch von einem Wald gesungen. Der Wald symbolisiert von alters her die Komplexität und die Gefahren der Welt, denn dort kann man sich verirren und wilden Tieren zum Opfer fallen. Der Sänger begibt sich tatsächlich auf eine spirituelle Reise, bei der er sich der Führung durch einen Flötenspieler (»piper«) anvertraut – dem historischen Urbild eines Musikers. Der Flötenspieler ist vielleicht auch eine Anspielung auf das bekannte Gedicht des englischen Poeten Robert Browning, das die Sage vom Rattenfänger von Hameln beschreibt, der die Kinder aus der

Stadt ihrer knauserigen und vertragsbrüchigen Eltern in eine paradiesische Welt entführt. Plant singt jedenfalls, dass uns der Musiker zur Vernunft bringen und uns zur Erlösung führen wird. Viele Pop- und Rockmusikerinnen und -musiker waren davon überzeugt, dass in ihrer Musik etwas Göttliches liegt und dass sie mit ihrer Musik den Menschen Heilsbotschaften bringen können. Und die Hard-Rocker von Led Zeppelin reihen sich nahtlos ein: Musiker als moderne Propheten.

Die nächste Strophe leitet Robert Plant auf Live-Konzerten gewöhnlich mit der Ansage ein, »ich habe gute Nachrichten«. Dass er vom Frühjahrsputz für die Maikönigin singt – ein Mädchen, das die englischen Umzüge zum Maianfang anführt –, bereitet uns darauf vor, dass etwas Neues beginnt. Und dann kommt auch schon die zentrale Botschaft des ganzen Songs. Der Sänger greift die uralte Legende von der Wahl zwischen zwei Lebenswegen auf. Thomas the Rhymer hatte im 13. Jahrhundert eine Ballade gedichtet, in der der Held die Wahl hat zwischen einer engen, dornigen Straße der Rechtschaffenheit, die in den Himmel führt, und einer breiten, geraden Straße der Sünde, die in der Hölle endet. Robert Plant nimmt dieses alte christliche Motiv auf, betont aber, dass es nie zu spät ist, auf den dornigen Pfad der Tugend zu wechseln. Das muss man sich einmal vorstellen: Da sagt uns ausgerechnet dieser langhaarige Bürgerschreck, der mit entblößter Brust den Sexsong *Whole Lotta Love* gesungen hatte, dass wir auf den dornigen Pfad der Tugend wechseln sollen!

Das Motiv des prophetischen Musikers wird in der sechsten Strophe weitergesponnen. Es summt in deinem Schädel, und der Musiker ruft dazu auf, mit ihm den Weg der Guten und Gerechten zu gehen. Jetzt, wo der Sänger selbst eine Entscheidung für den Pfad der Tugend getroffen hat, spricht er die uns wohlbekannte Lady an und fragt sie, ob sie weiß, dass die Treppe zum Himmel im Flüstern des Windes liegt. Diese Metapher verwendete schon Bob Dylan in *Blowin' in the Wind:* Es ist der Wind, der die Weisheit und das Heil bringt – aber man muss selbst leise sein, denn er flüstert nur. Für eine Band, auch wenn es sich um eine Hard-Rock-Band handelt, liegt es nahe, die Erlösung in der Musik zu sehen und den Musikanten zum spirituellen Führer zu machen. Auch das haben wir schon bei Bob Dylans *Mr. Tambourine Man* gehört.

Darüber kann man nachdenken, während Jimmy Page eines der eindrucksvollsten Gitarren-Soli der Rockgeschichte spielt. Dann schreit Robert Plant die letzte Strophe zum Hard-Rock-Rhythmus aus sich heraus, als ginge es um sein Leben. Tatsächlich geht es ja darum und um mehr – nämlich um das ewige Leben, das nach dem Leben kommt. Mit einer poetischen Formulierung (Schatten, die größer sind als unsere Seele) singt er davon, dass das Ende des dornigen, aber tugendhaften Lebensweges naht. Die besagte Lady erscheint wieder. Aber sie ist geläutert, hat doch noch rechtzeitig den Pfad gewechselt und hat sich in einen strahlenden Engel verwandelt, der jetzt bewirkt, dass sich alles zum Guten wendet. Jetzt verwandelt sich tatsächlich alles in Gold, aber das Gold, von dem Plant singt, ist jetzt spiritueller Natur.

Die letzten drei Verse beschreiben mit wunderbaren poetischen Worten die vollendete Harmonie, in der sich im Paradies alle Seelen vereinigen werden. Plant fordert uns auf, stark wie ein Fels zu sein und nicht ins Schlingern zu geraten: *to be a rock and not to roll.* Das ist ein Wortspiel mit den Bedeutungen des Wortes »rock«: das aus dem Germanischen stammende Verb, das für eine heftige Bewegung (Ruck) steht, und das romanische Substantiv, das »Fels« bedeutet (von rocca, roque). Der *rolling stone* ist im Englischen eine Metapher für einen unsteten Menschen, der nicht in der Lage ist, seinen inneren Frieden zu finden. Der *rolling stone* taucht in zahlreichen Blues- und Rock-and-Roll-Songs, im Namen einer großen Band und als Titel der wichtigsten Rock-Zeitschrift als Synonym für einen unangepassten Helden auf – aber Led Zeppelin sagen uns, dass wir besser nicht ins Rollen geraten sollen.

Das sind erstaunlich konservative Botschaften von Hard-Rockern, die mit langen Haaren, Hippiekleidung und exzessivem Drogenkonsum die Generation ihrer Eltern schockten. Jimmy Page hatte sich sogar für Mystizismus und Okkultismus interessiert (allerdings nie schwarze Magie praktiziert, wie es eine populäre Legende wissen will). *Stairway to Heaven* ist dennoch ein durch und durch christlicher Song mit einer erstaunlich konservativen Moral. Die keltischen Themen sind synkretistisches Beiwerk, genau wie beim gläubigen Katholiken Tolkien. Die Treppe zum Himmel ist ein eindeutig christliches Motiv. In Genesis 28,12–13 erscheint Jakob im Traum eine Leiter, die zum Himmel führt. Darauf steigen Engel auf und ab, und auch Gott selbst steigt herab. Das Buch Daniel verkündet die Auferstehung und das Jüngste Gericht so: »Und viele, die im Staub der Erde schlafen, werden aufwachen, die einen zum ewigen Leben, die andern zu ewiger Schmach und Schande« (Daniel 12,2–3). Das ist die biblische Grundlage für die Doktrin, dass die Guten nach ihrem Tode in den Himmel kommen, während die Bösen in der Hölle schmoren.

Robert Plant knüpft daran an. Die Lady, die er besingt, hat den falschen Pfad gewählt – den egoistischen Weg des Konsums, der in die Hölle führt. Sie ignoriert die Warnungen, sucht ihr Glück im Oberflächlichen und meint, sich ihre Glückseligkeit kaufen zu können wie einen Modeartikel. Die Welt ist voller Irrungen und Wirrungen (die Waldmetapher), aber es ist nie zu spät, um zur Vernunft zu kommen. Led Zeppelin verpackten ihre christliche Botschaft nicht in dem schulmeisterlichen Ton, den junge Leute damals von ihren Eltern, Lehrern und Pastoren kannten und verabscheuten. Die Botschaft kam an. Aus den Reaktionen der jungen Menschen bei ihren Konzerten schloss Robert Plant, dass *Stairway to Heaven* »den Kindern den größten spirituellen Aufschwung zu liefern schien«.[4] Denn die Hard-Rock-Band präsentierte die Botschaft mit mythologischen Anspielungen und lyrischen Metaphern auf alternative Weise.

Für manche evangelikale Christen allerdings zu alternativ. Der weltgrößte christliche Fernsehsender – das evangelikal-fundamentalistisch geprägte Trinity Broadcasting Network – behauptete, *Stairway to Heaven* enthalte in einer Strophe eine satanistische Botschaft, wenn man sie rückwärts abspiele.[5]

Das führte sogar zu einer parlamentarischen Anhörung im Staat Kalifornien. Das Label von Led Zeppelin antwortete auf den Vorwurf lakonisch: »Unsere Plattenspieler spielen nur in einer Richtung – vorwärts«; der Tontechniker nannte die ganze Geschichte »komplett lächerlich« und Robert Plant meinte später: »Für mich ist das sehr traurig, weil *Stairway to Heaven* mit allerbesten Absichten geschrieben wurde und Bänder rückwärts zu spielen und Botschaften an das Ende zu hängen, nicht meine Idee ist, Musik zu machen.« Jimmy Page machte sich noch im Jahr 2017 über den Backmasking-Vorwurf lustig: »Gott, es ist schwer genug, Musik in einer Richtung zu schreiben.«[6]

Wissenschaftler haben längst aufgezeigt, was sich solche Fundamentalisten zunutze machen, um ihre Anhänger zu manipulieren. Spielt man die Strophe ohne weiteren Kommentar rückwärts, ist nur unverständliches Gebrabbel zu hören, vielleicht noch etwas, was entfernt wie »Satan« klingen könnte. Wenn man den Zuhörern jedoch einen Text dazu zeigt, wendet das Gehirn seine evolutionär erworbene Fähigkeit an, im Chaos Muster zu erkennen – und man meint, den Text auch tatsächlich zu hören. Ein psychologischer Taschenspielertrick. Das erste »Satan«, das wir zu erkennen glauben, ist in Lautschrift nur ein [seɪ n], das von dem umgekehrten »yes« und dem »n« von »queen« kommt. Das ist mit einem gängigen Audioprogramm leicht nachvollziehbar.

Robert Plant begann allerdings selbst erst spät, der Botschaft seines Textes zu folgen. Bei Live-Performances fügte er gelegentlich an den Vers, es sei noch nicht zu spät, den Pfad zu wechseln, ein »ich hoffe es« an. Den Kokainkonsum gab er erst 1977 auf – allerdings von einem Tag auf den anderen, als er paranoide Persönlichkeitsveränderungen bei sich bemerkte. Plant hat also doch noch die Straße gewechselt. Mit über 70 Jahren spaziert er nun mit seinem Hund durch Felder in den englischen Midlands, wo er seinen Wohnsitz gefunden hat. Er sagt: »Ich danke all den Göttern, dass ich sicher gelandet bin.« Das klingt, als ob er die Himmelsleiter finden wird.

Und ein Stück von ihr haben die Hard-Rocker auch schon gesehen. Es war gut 40 Jahre nach der Aufnahme von *Stairway to Heaven,* als der damals amtierende US-Präsident

Barack Obama die Musiker von Led Zeppelin im Kennedy Center Opera House ehrte. Zur Zeremonie gehörte, dass eine brillante Cover-Version von *Stairway* gespielt wurde, von der Rockband Heart und mit opulenter Unterstützung durch einen 72-köpfigen Gospelchor und ein komplettes Symphonieorchester. Aber das war es nicht, was Robert Plant zu Tränen rührte. Es war, dass das Schlagzeug von Jason Bonham gespielt wurde, dem Sohn des Led-Zeppelin-Drummers John Bonham, der 1980, im Alter von 32 Jahren, auf tragische Weise im Haus von Jimmy Page ums Leben gekommen war. Und dass Jason, als Ann Wilson das letzte *Heaven* singt, zum Himmel blickt, so als ob er die Leiter sehen würde, über die sein Vater einst aufgestiegen war.

V. E.

2.

Gott als Schlunz wie du und ich: ONE OF US von Joan Osborne

Genre: Folk-Rock

Komposition/Text: Eric M. Bazilian

Interpretin: Joan Osborne

Erscheinungsdatum: 1995 auf dem Album *Relish* (Blue Gorilla/Mercury)

Auszeichnungen: 2x Platin, 2x Gold (in verschiedenen Ländern); Nr. 1 in den Charts von fünf Ländern

Darf man Gott als Schlunz bezeichnen? Darf man Witze über den Allmächtigen machen? Schon die Entstehung dieses Songs war so etwas wie ein Witz. Eric Bazilian hatte den Song an einem Abend geschrieben, um ein Mädchen damit zu beeindrucken, wie schnell er komponieren konnte. Dafür wurde das Stück aber ganz schön erfolgreich: Nummer-eins-Hit in fünf Ländern, 23 Wochen in den deutschen Charts, zweimal Gold und zweimal Platin, drei Grammy-Nominierungen, und man hört ihn auch heute noch oft im Radio. Dass er von Prince gecovert wurde, adelt ihn zusätzlich.

Der Gitarrist Eric Bazilian ist insbesondere als musikalischer Kopf der Hooters (»Johnny B«) bekannt geworden. Aber er arbeitete auch als Songschreiber, Arrangeur und Musiker für Midge Ure, die Scorpions, Stefanie Heinzmann, Cyndi Lauper, Jon Bon Jovi, Robbie Williams oder Billy Idol – und eben auch für Joan Osborne.

Die langsame und zugleich kraftvolle Folk-Rock-Ballade beginnt mit Bazilians verzerrtem E-Gitarren-Riff, das mit dem Stil von Neil Young verglichen worden ist. Nach den ersten Takten gewinnt es sogar noch an Kraft. Dann setzt Joan Osbornes eindringlicher Gesang ein. Ihre Stimme ist klar und fest, sie singt den Text mit sorgfältiger Artikulation und nicht mit der nachlässigen Aussprache, die vielen anderen Rocksongs zu eigen ist. Der Gesang wird auch nicht von der Musik in den Hintergrund gedrängt. Joan Osborne will, dass man jedes Wort versteht. Und der Text ist eine sehr persönliche, etwas skurrile, einigermaßen respektlose und ziemlich witzige Liebeserklärung an Gott.

Der Song beginnt mit den vielleicht etwas naiv klingenden Fragen einer Gläubigen, die keine festgefügte, theologisch fundierte Vorstellung von Gott und der Dreifaltigkeit hat. Hat Gott eigentlich einen Namen, und wie heißt er denn? Wie würde man ihn ansprechen, wenn man ihm begegnen würde? Ja, und wenn man Gott wirklich einmal treffen könnte, welche Frage würde man ihm stellen?

Danach kommt der Refrain. Er beginnt mit den ersten beiden Versen aus dem Tischgebet, das in christlichen amerikanischen Familien vor jeder Mahlzeit gesprochen wird: Gott ist groß und Gott ist gut. Diese fromme Formel hat der Komponist wohl eingefügt, um die Respektlosigkeit etwas abzumildern, die in den weiteren Versen des Refrains folgt. Bazilian spinnt nämlich die Idee, Gott selbst persönlich zu begegnen, weiter. Und dabei entwickelt er ein ziemlich ungewöhnliches Bild von Gott. Wie wäre es denn, wenn Gott genauso einer wie wir selbst wäre? Und zwar, wenn er genauso ein Schlunz wäre wie wir selbst?

Der Song verwendet das Wort »slob«. »Slob« kann man mit »Schlunz« übersetzen, denn das trifft es gut: Ein *slob* ist ein (liebenswerter) Chaot, der schon mal auf sympathische Weise ein bisschen schlampig ist – so wie wir alle. Als wäre es nicht schon respektlos genug, den Allmächtigen auf eine Stufe mit uns sündigen Menschen auf der Erde zu stellen – jetzt wird er auch noch als »Schlunz« bezeichnet, als ein Wesen, das unter den gleichen kleinen oder größeren Schwächen leidet wie wir alle. Aber es geht noch weiter: Was wäre denn, wenn Gott einfach ein Mitfahrer im Linienbus wäre, der, genau wie alle anderen Pendler, sich abmüht, nach Hause zu gelangen? Wenn Joan Osborne den Refrain singt, stellen wir uns bildlich vor, wie der Himmlische Vater in den Bus steigt, nach einem Sitzplatz Ausschau hält, sich in Kurven an die Haltestange klammert, unter den üblichen Verspätungen leidet und womöglich seinen Anschluss verpasst. Was für ein Gottesbild!

Aber Komponist und Sängerin wollen sich keineswegs über Gläubige und ihren Gott lustig machen. Ganz im Gegenteil. Sich Gott als menschlich vorzustellen, sich vorzustellen, dass er ein Fremder im Bus sein könnte, sich vorzustellen, dass man ihm begegnen könnte, sein Gesicht sehen könnte, das alles dient nur dazu, die Hörer auf die große Frage vorzubereiten, die Agnostiker und Atheisten anspricht: Wenn du Gott ins Gesicht sehen würdest, würdest du dann beginnen zu glauben? An den Himmel, an Jesus, an die Propheten, an die Heiligen? – Erstaunlich, dass ein jüdischer Komponist hier Jesus Christus erwähnt!

Würden die Zweifelnden und Leugnenden Gott überhaupt sehen wollen, wenn sie dann glauben müssten? Oder würden sie die Begegnung meiden, um sich nicht dem Risiko auszusetzen zu erkennen, dass es Gott wirklich gibt? Agnostiker sind diejenigen, die nicht wissen, ob es einen Gott gibt. Atheisten dagegen meinen zu wissen, dass es keinen Gott gibt, obwohl es dafür ebenso keine Beweise gibt wie für die Existenz Gottes. Aber was ist, wenn er sich doch offenbaren würde?

Die Sängerin ist vielleicht eine Agnostikerin oder zumindest eine zweifelnde Gläubige, die davon träumt, Gott einmal zu begegnen. Und der könnte sich als ganz normaler

Schlunz erweisen, der die gleichen kleinen Probleme mit dem Nahverkehr hat wie wir alle. Und der vielleicht auch ein bisschen einsam ist. Denn was erwartet Gott, wenn ihn der Bus endlich nach Hause gebracht hat? Da sitzt er dann im Himmel, ganz allein. Und niemand ruft ihn an.

Aber gerade jetzt, wo wir uns einen Gott vorstellen, der in seiner Allmächtigkeit auch einsam ist, gerade jetzt, wo wir vielleicht sogar Mitleid mit dem einsamen Gott empfinden könnten, wird es vollkommen skurril und witzig. Denn jetzt erlaubt sich Bazilian einen Scherz auf Kosten des Papstes, wenn Joan Osborne singt, dass der Papst vielleicht Gott anrufen könnte. Denn das Oberhaupt der Katholischen Kirche sollte als Stellvertreter Gottes auf Erden ja als Einziger über einen direkten Draht zum Allmächtigen verfügen. Diese Stelle spielt auf einen verbreiteten jüdischen Witz an: Als der israelische Ministerpräsident auf Staatsbesuch beim Papst ist, bemerkt er das goldene Telefon. Der Papst erlaubt ihm, es zu benutzen, sagt ihm allerdings, er solle sich kurzfassen, weil die Gesprächsgebühren sehr hoch seien. Als der Papst auf Gegenbesuch in Jerusalem ist, sieht er, dass auch der israelische Ministerpräsident ein goldenes Telefon hat. Und großzügig erlaubt dieser dem Papst, durchaus länger mit Gott zu plaudern, denn bei ihm sei es nur ein Ortsgespräch.

Dass sich Gott einsam fühlen könnte, entspricht natürlich überhaupt nicht dem konventionellen Glauben, man könnte den Gedanken sogar als blasphemisch verurteilen. Aber diese Vorstellung erwächst nicht nur aus der stets im Konjunktiv gesungenen Vorstellung, dass Gott ganz und gar menschlich sein könnte, sondern auch daraus, dass viele Menschen in unserem säkularen Zeitalter nicht mehr beten – das wäre ja das Sprechen mit Gott.

Am Ende des Songs wird Gott noch mehrfach als groß und gut besungen – aber auch als Schlunz und dann auch noch als *a holy rolling stone.* Das bekannte englische Sprichwort »Ein rollender Stein setzt kein Moos an« geht zurück auf den römischen Aphoristiker Publilius Syrus. Gemeint ist, dass ein Mensch, der keine Wurzeln hat und ständig in Bewegung ist, weder Verantwortlichkeiten übernimmt noch Vermögen aufbauen kann. In der Blues- und Rockmusik ist der *rolling stone* ein Herumtreiber, der kein bürgerliches Leben führen will und der Frauen in Serie verführt. Und Joan Osbornes Gott soll genau so einer sein, dabei aber heilig! *Holy rolling stone* – was für ein Widerspruch in sich! Dieses Gottesbild erinnert ein wenig an Mick Jaggers Jesus, der sich eine Zigarette ansteckt. Und auch an Jaggers Vers, dass alle Sünder Heilige sind.

One of Us ist ein modernes Glaubensbekenntnis für säkulare Zeiten. Es zeichnet – stets im Konjunktiv – ein menschliches Gottesbild, das in radikalem Kontrast steht zu dem strengen, strafenden Gott der ultrakonservativen evangelikalen Kirchen, von denen es in den USA so viele gibt, und auch zu dem traditionellen Gottesbild der nicht minder konservativen Katholischen Kirche, die in dem Song auf witzige Weise ihr Fett abbekommt. Die Kirchen reagierten entsprechend. Insbesondere die Katholische Kirche und die Evangelikalen aus den Südstaaten der USA verurteilten den Song als »blasphemisch«. Sie versuchten, Besucher am Zugang zu Konzerten zu hindern, und Joan Osborne erhielt sogar Todesdrohungen. Noch zwanzig Jahre später erklärte die Sängerin gegenüber der Zeitschrift *Medium,* dass eine Neuaufnahme des Songs immer noch kontrovers wäre:

»Es ist ein fundamentales Dogma für einige Gläubige, dass Gott nicht du und ich ist. Wir sind anders, und wir sind viel geringer. Gott ist unendlich, und wir sind diese kleinen Würmer, und wir sollten einfach dankbar sein für die Gnade, die er uns erwiesen hat. Ich denke, dass es eine Menge Gläubige gibt, die ihn als nicht menschlich betrachten, nicht als wie wir alle. Und zu sagen, dass Gott ein Teil der Menschheit ist, ist für diese Leute blasphemisch.«[7]

Aber sie fährt damit fort, dass sie mit dem Lied eine bestimmte Absicht verbunden hat.

»Aber ich glaube auch, wenn es wieder ein Hit werden würde, würde es bei Leuten, die eine andere Auffassung haben, die gleiche Saite zum Klingen bringen, bei denen, die mehr die Vorstellung haben, dass wir alle mit allen Dingen im Universum und untereinander verbunden sind. Leute nennen das Gott. Das war für sie eine Möglichkeit, sich zu erlauben, sich selbst zu befragen, woran sie in diesem kleinen Popsong glaubten. Eine getarnte Botschaft. Du erwartest nicht, dass ein MTV-Video oder ein Popsong im Radio dich auffordert, über solche Dinge zu reflektieren.«[8]

Kurz nach Veröffentlichung des Songs hatte Joan Osborne der *Washington Post* schon gesagt: »Es ist ein scheinbar unschuldiges Lied – du öffnest dich, und du lässt es in dein Bewusstsein, dann ist es wie ein Same, der zu wachsen beginnt. Es führt Menschen zu ihren eigenen Erkundungen. Es führt zu tieferen Fragen.«[9]

»Getarnte Botschaft«, »scheinbar unschuldig«, »Same« – *One of Us* ist definitiv ein Lied für Agnostiker, das im ursprünglichen Sinne des Wortes missionarisch ist, weil es auf die abzielt, die Zweifel haben. Geschrieben wurde es von einem jüdisch erzogenen Komponisten, der sich aber keiner

Religionsgemeinschaft mehr zugehörig fühlt und sich lediglich als »quasi-jüdisch« beschrieben hat, und gesungen wird es von einer Sängerin, die katholisch erzogen wurde, sich dann aber einem spirituellen Pantheismus zugewandt hat.

Ein Vierteljahrhundert später haben einige Kirchenleute den Wert von *One of Us* dann doch noch für sich entdeckt. Für den Pfarrer Chris Schutte von der Anglikanischen Kirche in Phoenix, Arizona, repräsentiert das Lied die typischen Fragen der vielleicht etwas oberflächlich Gläubigen, die irgendwie an Gott glauben, aber keine Vorstellung von ihm haben. Diese Fragen seien aber längst beantwortet, und die Antwort werde gerade an Weihnachten erfahrbar.[10] Der Theologe Eugene H. Peterson hat in seiner *Message Bible* Johannes 1,14 etwas moderner übersetzt als Luther: »Und das Wort ward Fleisch und zog in unsere Nachbarschaft.« Die Vorstellung, Gott als Nachbarn zu haben, passt durchaus zu dem Bild, Gott im Linienbus zu treffen.

Pastor Matthew Martin von der North Heights Church of Christ in Arkansas hat ebenfalls keine Probleme mit dem anthropomorphen Gottesbild in dem Lied, weil es im Philipperbrief (2,5–8) heißt, dass Jesus Knechtsgestalt annahm, einem Menschen gleich wurde und sich selbst erniedrigte. Und in Matthäus 25,42–46 sagt Jesus, dass er hungrig, durstig, nackt, krank und gefangen gewesen sei und dass ihm von niemandem geholfen worden sei. Und dann knüpft der Theologe an das an, was bei den alten Griechen »Theoxenia« hieß: Was wäre, wenn uns Gott in Gestalt eines armen, gebrechlichen Menschen begegnen würde? Würden wir ihm helfen und Obdach geben? Umgekehrt wird daraus: Wir sollten jedem hilfebedürftigen Menschen Unterstützung gewähren, denn es könnte sich ja Gott in ihm verbergen.[11]

Diesen Aspekt hat Prince auf die Spitze getrieben, als er in seiner Cover-Version von *One of Us* das Wort »slob« durch »slave« ersetzte: Gott als Sklave wie wir. Hintergrund war, dass sich Prince tatsächlich wie ein Sklave von Warner Bros. Records gefühlt hatte, als er dort unter Vertrag stand. Heute mag man das Wort »Sklave« auch als Rassismuskritik deuten: Gott schlüpft auch in Knechts- und Sklavengestalt.

Die israelische Dozentin Sarah Golubtchik hält das Lied aus einer traditionell-jüdischen Sicht zwar für »potenziell häretisch«, vergleicht es aber mit den Zeiten des Propheten Jeremia, als die Präsenz Gottes noch täglich spürbar gewesen sei. Die Fragen, die der Song stellt, seien tatsächlich geeignet, den Glauben zu vertiefen: »Haben wir ein zwangloses und intimes Verhältnis zu Gott oder eines mit Achtung und Ehrfurcht? Schließen sich diese Optionen gegenseitig aus? Darüber hinaus: Wie sprechen wir über Gott?« Sie schließt mit den Worten, dass der religionsbewusste Jude »nicht im gleichen Bus fährt wie dieses Lied«, dass aber »die Route, die der Bus nimmt, universell ist«.[12]

Ein einfacher Popsong, lediglich komponiert, um einem Mädchen zu zeigen, wie schnell er einen Song schreiben konnte, noch dazu voller Respektlosigkeiten und Witze, wird nach einem Vierteljahrhundert von Theologen diverser Glaubensrichtungen und Religionen als Inspiration wahrgenommen. Wenn das kein Wunder ist! Übrigens klappte Bazilians Trick. Das Mädchen heiratete ihn, und sie bekamen zwei wundervolle Kinder.

V. E.

3.

Die Poesie christlicher Erzählungen: **JESUS WAS AN ONLY SON** von Bruce Springsteen

Genre: Soft-Rock

Komposition/Text, Interpret: Bruce Springsteen

Erscheinungsdatum: 2005 auf dem Album *Devils & Dust* (Columbia)

Auszeichnungen: 2 Grammy-Nominierungen (für das Album)

Jesus ist auf dem Kreuzweg nach Golgatha, den qualvollen Tod vor Augen; neben ihm geht seine Mutter Maria. So könnte es vor 2000 Jahren in Jerusalem gewesen sein. Unzählige Künstlerinnen und Künstler inspirierte die Szene zu Bildern oder Liedern. Das berühmte Motiv des Kreuzwegs berührte auch den Katholiken und Rockmusiker Bruce Springsteen. *Jesus Was an Only Son* heißt sein Song über das Verhältnis zwischen Maria und ihrem Sohn Jesus. Auf bewegende Weise verbindet er das damalige Geschehen mit heutigen Vorstellungen. Zugleich ist das Lied eine Hommage an die unzertrennliche Verbindung zwischen Müttern und ihren Kindern.

Maria ging auf dem Weg, auf dem das Blut ihres Sohnes vergossen wurde. So beginnt Springsteen die eindrückliche Folkballade. Dann blickt er zurück in Jesu Jugendzeit und in sein galiläisches Heimatdorf Nazareth. Springsteen malt in diesem Song Bilder. Auf dem einen sitzt Jesus zu den Füßen seiner Mutter und liest Psalmen. Auf dem anderen singt Maria ihm beruhigende Schlaflieder vor: Er brauche sich nicht zu fürchten vor der Dunkelheit und schlimmen Träumen, sie sei ja bei ihm – die ganze Nacht, keine Angst, mein Kind. Ein Bild inniger Mutterliebe und tiefen Friedens: Die Mutter betet für ihr Kind, dass ihm nichts zustoße und nichts seine Träume stören möge. »Alle Eltern wollen ihre Kinder vor allem Unheil bewahren«, kommentierte Springsteen diese

Verse; auch er kenne diese Gefühle und habe als Vater lernen müssen, dass das unmöglich sei.

Im nächsten Bild seines Lieds zeigt Springsteen Jesus im Garten Gethsemane. Der Bibel zufolge war er sich seines Schicksals dort bereits bewusst: Er würde von einem seiner vertrauten Nachfolger an die römischen Behörden verraten, würde festgenommen und getötet werden. Sorg- und ahnungslos waren seine Jünger im Garten Gethsemane in dieser für ihn so schweren Stunde eingeschlafen; verzweifelt betete Jesus zu Gott, er möge den Kelch des Todes an ihm vorübergehen lassen.

Springsteens Song geht in die nächste Szene: Jesus, verwundet und durch Folter geschunden, ist auf dem Weg zu seiner Hinrichtungsstätte. Springsteen lässt seiner biblisch verwurzelten Fantasie freien Lauf. Jesus sieht seine Mutter am Rande stehen, geht zu ihr und küsst ihre Hände. Er flüstert ihr Beruhigendes ins Ohr: Sie möge ihre Tränen trocknen. Was hier gerade geschehe, sei alles auf geheimnisvolle Weise in die kosmische Ordnung eingebettet. Die Macht, die die Welt erschaffen hat, werde auch in dieser Situation zugegen sein.

Während seiner Kindheit in Freehold, New Jersey, hatte Springsteen in den 1950er-Jahren die Katholische Kirche von ihrer schlechtesten Seite kennengelernt. Er wuchs in der Nähe eines Klosters auf, besuchte dann die Klosterschule. »Sobald ich das Schulalter erreicht hatte, wurde ich in die düsteren Gemäuer der Gemeinschaft eingeführt: Weihrauch, gekreuzigte Männer, ein unter Qualen auswendig gelerntes Dogma, freitägliche Kreuzwegprozessionen (die Hausaufgaben!), Männer und Frauen in schwarzen Gewändern, der verhangene Beichtstuhl, das Schiebefenster, das

Gesicht des Priesters im Schatten und das Eingeständnis kindlicher Verfehlungen.«[13]

Schon als Zweitklässler stellte Bruce Listen mit glaubhaft klingenden Sünden zusammen, damit er sie bei der Beichte zur Zufriedenheit des Priesters aufsagen konnte. Die rigiden Kirchenregeln ließen in ihm früh das Rebellische wachsen. In seiner Autobiografie schreibt er, er sei aus dem Land »SO SIND DIE DINGE NUNMAL« ausgebrochen in das Land »DINGE, SO WIE ICH SIE MAG«. Dieser frühe Eigensinn habe aus ihm einen Sonderling gemacht. Doch die Gewalt der unterrichtenden Franziskanerinnen bestätigte ihn in seinem inneren Widerstand. Als Achtklässler wurde er einmal zur Strafe für einen Tag in die erste Klasse zurückversetzt. Er quetschte sich in die kleine Schulbank und träumte sich in eine andere Welt. Die Lehrerin hetzte einen Schüler auf ihn, der ihm eine Ohrfeige gab. Er wurde mit dem Lineal geschlagen, in eine dunkle Kammer und sogar in eine Mülltonne gesperrt: »Tagesgeschäft in katholischen Schulen der Fünfziger. Bei mir hinterließ es einen schalen Nachgeschmack und entfremdete mich zusehends von der Religion.«

Am Ende der achten Klasse nahm er wohlgemut Abschied vom Glauben und fühlte sich »endlich frei«. Doch die katholische Prägung konnte er nicht abschütteln. Als »Wachtraum« begleitet ihn der Katholizismus das ganze Leben. Schließlich sagte er sich: »einmal katholisch, immer katholisch«. Zwar praktiziere er den Glauben nicht sehr oft – heute aber weiß er, dass »ich tief in mir drin noch immer zum Team gehöre«. Die katholische Weltsicht von unvorstellbaren Strafen und unendlicher Belohnung, von dramatischen Geschichten und Erlösung, vom Reich der Liebe und dem der Verdammung – sie ist das Fundament, auf dem

Springsteen auch seine Musik komponiert und seine Songs textet. »Ich habe ein ›persönliches Verhältnis‹ zu Jesus«, schreibt er in seiner Autobiografie, »er ist nach wie vor einer meiner Väter.« Allerdings glaube er mittlerweile nur noch an dessen »Liebe, an seine Fähigkeit zu retten, aber nicht zu verdammen.«

Die biblischen Geschichten gingen ihm nie aus dem Sinn. Viele hat er in Liedern verarbeitet. Über Leah, die Frau des Stammvaters Jakob, sang er, und über den Brudermord von Kain an Abel *(Adam Raised a Cain)*. Er macht sich Gedanken über den Himmel, über den Auszug der Israeliten aus der ägyptischen Knechtschaft *(Across the Border)*, das von Gott verheißene Land *(The Promised Land)*, über das Jüngste Gericht und das, was nach dem Tod auf die Menschen wartet. Der katholische Glaube schenke ihm stets Inspiration, erklärte er: »Es gibt keinen besseren Brunnen als die Mythen des Katholizismus. Alles ist da drin.« Katholizismus sei »die Poesie, die Gefahr und die Dunkelheit, die mein Innerstes widerspiegelt«.

Springsteen greift in vielen seiner Lieder in die Schatzkiste der Religion. Doch billige fromme Vertröstungen bietet er seinen Fans nicht. Seine Geschichten handeln von Außenseitern, von Menschen, die sich nur mit Mühe über Wasser halten können. Er erzählt von hoffnungslosen Jugendlichen und von Rassismus-Opfern, von Arbeitslosen, von Vietnam-Veteranen, von Ausgegrenzten und denen, die von der kommerzialisierten und moralistischen US-Gesellschaft fallen gelassen werden. Der Trost, den seine Songs bieten, liegt nicht in der Verheißung eines himmlischen Friedens. Er besteht darin, dass die von ihm besungenen Menschen in Springsteen ein Sprachrohr finden, das ihre Situation in die

Öffentlichkeit bringt. *Born in the* USA ist eine böse Abrechnung mit dem amerikanischen Traum, der sich nicht für alle erfüllt. Springsteen prangert Ungerechtigkeit an – doch mit direkten politischen Stellungnahmen ist er sparsam.

Die mittlerweile mehr als 350 Lieder, die er seit Beginn seiner Karriere im Jahr 1965 geschrieben hat, sind musikalische Kommentare zu jeweils aktuellen gesellschaftlichen Themen. Darin ähnelt sein Schaffen dem Bob Dylans, den Springsteen als einen seiner musikalischen Väter bezeichnet. Springsteen war allerdings nie ein Missionar wie Dylan während seiner Gospeljahre. Zwar wirbt er nicht für den Glauben – seine Stadionkonzerte werden dennoch oft mit Gottesdiensten verglichen. Warum? Weil er mit schier unglaublicher Energie und Ehrlichkeit mit seinem Publikum in Kontakt tritt, feiert und auch die harten Momente des Lebens nicht auslässt. Auch seine verstorbenen Bandmitglieder baut er auf berührende Weise in seine Show-Liturgie ein. »Der beste Gottesdienst der Welt«, titelte der kirchenkritische *STERN* nach Springsteens Hamburger Konzert im Sommer 2023.

Je älter Springsteen wird, desto deutlicher bekennt er sich zu seinem Glaubensweg. Besonders deutlich wurde das 2017, als er 236-mal eine Solo-Show im Walter Kerr Theatre am Broadway gab. Der Musiker erzählte aus seinem Leben und sang einige Songs, begleitete sich selbst am Klavier oder mit der Gitarre. Die Nähe zum Publikum und die persönliche Atmosphäre wirkten auf viele bewegend und rührten einige sogar zu Tränen.

Am Ende der Show erzählte Springsteen auch von seiner Kindheit im katholischen Umfeld, »im Schatten einer alten Kirche«. »Ihr wisst ja, was man über Katholiken sagt: Man kommt da nicht raus. Die Bastarde haben dich fest im Griff. Sie haben ihre Arbeit gut gemacht.« Da ist ein wenig Bitterkeit zu spüren, aber auch ein kräftiges Augenzwinkern und Dankbarkeit dafür, dass sich der Glaube nicht ganz abschütteln lässt. Zum Abschluss betete er das Vaterunser und schickte das Publikum mit einem Segen in den Abend: »Möge Gott euch segnen, eure Familien und all jene, die ihr liebt. Danke, dass ihr da wart.«

Das Lied über Mutter Maria und Jesus hat neben der biblischen eine zweite Ebene. Es erschien auf dem Album *Devils & Dust* im Jahr 2005. Das ganze Album steht unter dem Eindruck des Irakkriegs, bei dem im Jahr 2003 die USA und Verbündete den Irak angriffen, um die Schreckensherrschaft des Diktators Saddam Hussein zu beenden. Tausende US-Soldaten fielen, zigtausende Soldaten anderer Nationen und Hunderttausende Zivilisten. Der Sinn und die moralische Rechtfertigung des Krieges wurden weltweit infrage gestellt, auch von der Friedensbewegung der USA. Bruce Springsteen hatte schon Mitte der 1980er-Jahre mit seinen Songs *War* und *Born in the* USA die Sinnlosigkeit des Krieges beteuert. Nun geht er das Thema mit Motiven der christlichen Bilderwelt an. Der Titelsong *Devils & Dust* handelt von einem US-Soldaten, der im Irak kämpft. Eigentlich wähnt er sich auf Gottes Seite. Doch angesichts der Leichen packen ihn Zweifel. Die Angst stiehlt sogar Gottesfürchtigen die Seele, erkennt der Soldat. Den Finger am Abzug, prüft er sein Herz und sieht darin nur »Teufel und Staub«.

»Nicht du liest die Bibel, die Bibel liest dich!« So erklärte die Theologin Dorothee Sölle in Vorlesungen, warum die Bibel eigentlich wichtig ist: Nicht, weil irgendjemand sie zur Heiligen Schrift emporgehoben hat, nicht weil sie »Gottes

Wort« im buchstäblichen Sinn enthält, sondern weil die zeitlosen Geschichten und Impulse der Bibel Situationen spiegeln, in denen sich Menschen bis heute wiederfinden. Die Geschichte von Maria aus Nazareth, die mitansehen musste, wie ihr Sohn einem gewaltvollen Tod entgegengeht, wird so zur Trostgeschichte für die Mütter, deren Kinder in den Krieg ziehen, aus dem sie womöglich nicht mehr lebend zurückkehren. Und für die Söhne, die sich vor der Aufgabe sehen, ihre liebenden Mütter zu trösten – obwohl sie selbst Angst haben: »Mutter, trockne deine Tränen!«

U. B.

4.

Das gebrochene Halleluja: **SUZANNE** und **HALLELUJAH** von Leonard Cohen

Genre: Folk-Rock

Komposition/Text, Interpret: Leonard Cohen

Erscheinungsdatum: *Suzanne* 1967 auf dem Album *Songs of Leonard Cohen; Hallelujah* 1984 auf dem Album *Various Positions* (beide Columbia)

Auszeichnungen: *Suzanne* ist Nr. 284 bei den 500 Greatest Songs of All Time des Rolling Stone und Nr. 41 bei den Top Songs of the 1960s von Pitchfork Media. Von *Hallelujah* gibt es über 300 Cover-Versionen; in verschiedenen Ländern 2x Gold und 1x Silber sowie 2x Nr. 1 in den Charts und 1x Nr. 2

Jüdischer kann ein Name kaum sein. Cohen, hebräisch כֹּהֵן, heißt »Priester«. Die Abstammungslinie der Cohens geht zurück auf Aaron, den Bruder Mose, der samt seiner männlichen Nachkommen von Gott beauftragt wurde, Tempelpriester zu sein (Exodus 28,1). Und Leonard Cohen sah in seinem Familiennamen auch den Auftrag, »in das Allerheiligste zu gehen und sich mit den tiefsten Quellen seiner Seele zu befassen«.[14] Aber das hinderte Leonard Cohen nicht daran, im Laufe seines Lebens nicht auch mal einen Blick auf andere Religionen zu werfen, selbst wenn es sich dabei um so etwas Exotisches wie Scientology oder Zen-Buddhismus handelte. Und vom Katholizismus seines irischstämmigen Kindermädchens war er seit Kindesbeinen fasziniert. Aber am Ende kam er zur Schlussfolgerung: »Ich habe eine extrem gute Religion ererbt, ich habe keinen Bedarf, das zu ändern. [...] Ich bin ein Jude.«[15]

Sosehr sich Leonard Cohen im traditionellen Judentum verankert sah, so tolerant konnte er in spirituellen Angelegenheiten sein. So tolerant, dass er ein Lied über Jesus Christus schrieb – und es war sogar seine allererste Single und sollte eines seiner erfolgreichsten Lieder überhaupt werden. Dabei ist es gar kein religiöses Lied, sondern eine Ballade über eine platonische Liebesbeziehung. *Suzanne* handelt von der Tänzerin Suzanne Verdal, die Mitte der 1960er-Jahre mit einem Freund Leonard Cohens liiert war.

In der Beatnik- und Kunstszene war die freigeistige Tänzerin eine Größe, die den Status einer Muse mehrerer Künstler genoss.

Cohen besuchte Suzanne Verdal im Sommer 1965 in ihrer Loftwohnung in einem ehemaligen Speicher am Ufer des Sankt-Lorenz-Stroms. Bei Kerzenschein tranken sie chinesischen Orangentee und gingen dann am Flussufer entlang durch die Altstadt von Montreal spazieren, um zur Kapelle der Seeleute zu gelangen, die der Heiligen Maria gewidmet ist und die offiziell Notre-Dame-de-Bon-Secours heißt, auf Englisch aber auch schlicht »Sailor's Chapel« genannt wird. Cohen war fasziniert, wie Maria den Seeleuten ihre Arme entgegenstreckt, um sie vor den Gefahren der Seefahrt zu beschützen. Dabei unterhielten sie sich über Gott und die Welt.

Natürlich hatte sich der Sänger in die schöne Tänzerin verliebt. Aber er musste die Beziehung respektieren, die sie mit seinem Freund hatte. So musste seine Liebesbeziehung rein geistig bleiben: »Und die Boote zogen vorbei, und ich berührte ihren perfekten Körper mit meinem Geist, weil es keine andere Möglichkeit gab«, erklärte er später einmal in einem Interview den Vers, der in dem Song seine Beziehung zu der Tänzerin beschreibt.[16] Das Lied liefert einen Bericht von dieser Beziehung, der davon zeugt, dass aus erotischer Zuneigung spirituelle Anregung wurde. Die Psychoanalyse nennt so etwas »Sublimierung«.

Die erste Strophe von *Suzanne* ist noch ganz auf die Zuneigung zwischen den beiden »halbverrückten« Künstlern fokussiert, die mit wundervoll poetischen Worten beschrieben wird. Und es wird ein kleiner Ausblick gegeben: Der Sänger ist bereit, sich von seiner Angebeteten auf eine spirituelle Reise mitnehmen zu lassen. Und diese wird in der zweiten Strophe beschrieben, als die Marienfigur auf dem Turm der Kapelle der Seeleute den jüdischen Sänger inspiriert, über Jesus zu reflektieren.

Für Cohen ist Jesus ein Seemann. Er spricht die Geschichte an, die bei Matthäus 14,22–33 erzählt wird, wie Jesus über den See Genezareth ging, um das Boot seiner Jünger vor widrigen Winden zu retten und den See zu beruhigen. See und Meer werden in der Bibel oft als Symbole für Gefahren genannt, sodass Cohen, wenn er Jesus als Seemann bezeichnet, in ihm die Gestalt des Retters sieht, der die Gefahren der Welt zu bezwingen vermag. Jesus beobachtet die Menschen von seinem einsamen Wachtturm aus. Solche Wachttürme baute man in biblischen Zeiten in Weinbergen, um zu verhindern, dass Tiere die Trauben fraßen (Jesaja 5,2; Matthäus 21,33; Markus 12,1). Und so wie ein guter Winzer seine Reben beschützt, wacht Jesus über die Menschen. Und Cohen singt, dass nur Ertrinkende ihn erkennen – was darauf anspielt, dass Jesus vom Establishment bekämpft wurde und er seine Anhänger unter den Verzweifelten, den sozial verachteten Zöllnern, Huren und Aussätzigen fand. Cohen bleibt in der Metapher, wenn er singt, dass Jesus die Strauchelnden ertüchtigt, die durch die von der See symbolisierten Gefahren des Lebens zu meistern, bis sie schließlich von der Last des irdischen Lebens erlöst werden.

Aber Jesus selbst war »gebrochen« – ein Wort, das Leonard Cohen später, in seinem Song *Hallelujah,* wieder aufgreifen sollte. Mit knappen, poetischen Worten deutet der Sänger die Zweifel und die Leiden Christi an, der sich am Kreuz von Gott verlassen fühlte (Matthäus 27,46; Markus 15,34) und somit als »beinahe menschlich« erschien, bevor sich der

Himmel öffnete (eine Anspielung auf die Sonnenfinsternis während der Kreuzigung). Jesu Selbstopfer entzieht sich der rationalen Überheblichkeit der Intellektuellen, über deren »Weisheit« sich Cohen lustig macht. Damit hat Cohen auch noch den intellektuellen Atheisten, die in den 1960er-Jahren Auftrieb erlebten, einen Seitenhieb verpasst. Der jüdische Sänger möchte sogar mit Jesus durch das Leben gehen, sich ihm anvertrauen, wenngleich noch eine Spur des Zweifels bleibt: »vielleicht«. Aber er macht Jesus für die Zuneigung verantwortlich, die auch Suzanne für Leonard empfindet.

Die dritte Strophe wird gesellschaftskritisch. Auf ihrer gemeinsamen Erkundung öffnet die Beatnik-Frau ihm die Augen für das Elend und die Armut, aber auch für die versteckten Schönheiten, die Helden des Alltags und die kommende Generation. Die Strophe schließt mit dem Gedanken an die, die sich vergeblich nach Liebe sehnen. Der Abschlussrefrain schließt den Kreis der geistigen Berührungen. Jesus wird von den Gestrandeten erkannt, und die geistige Wellenlänge, die Antenne für die Gestrandeten der Gesellschaft, teilen auch Suzanne und Leonard. Eine intellektuelle Liebesbeziehung ist die Parallele zur religiösen Dimension auf Erden.

Der jüdische Songpoet erweist sich auch im Neuen Testament als bibelfest. Und als toleranter Jude kann er sich eine Jesusinterpretation erlauben, die ein wenig anders ist. Dabei ist sie kompatibel mit der Messianität, die von jüdischer Seite bestritten wird, wenn Jesus in *Suzanne* als Erlöser besungen wird. Aber Cohen wäre nicht Cohen, wenn Jesus nicht als Erlöser der Gestrandeten besungen würde und wenn Jesus nicht selbst als »gebrochen« dargestellt würde. Leonard Cohen, der, nicht anders als viele Mitmusiker seiner

Zeit, die Finger nicht vom LSD lassen konnte, hat sich selbst auch als gebrochen wahrgenommen.[17]

Und so wundert es nicht, dass auch sein *Hallelujah* gebrochen ist, das er 1984 veröffentlicht hat und das seitdem oft gecovert worden ist (u. a. von Freddie Mercury). Der Song beginnt damit, dass König David zu seiner eigenen Verblüffung ein Lied komponiert, das dem Herrn gefällt, nämlich das Halleluja.

Gott wird durch Musik verherrlicht. Musik wird im Alten Testament immer wieder erwähnt, wenn es um etwas Heiliges geht. Nach der Vertreibung aus dem Paradies gehörten die Zither- und Flötenspieler zu den allerersten Berufen (Genesis 4,21). Für Harfen und Saiteninstrumente wurden kostbare Hölzer importiert (2. Chronik 9,11). Der Prophet Elischa erhielt eine göttliche Eingebung, als eine Harfe gespielt wurde (2. Könige 3,15). Gott selbst forderte die Israeliten auf, bei Festen und Opfern Trompeten zu blasen (Numeri 10,10). David galt als besonders begabter Musiker. Er wurde schon als Jüngling gerufen, um mit seiner Musik König Saul aus seinen schwermütigen Gedanken zu holen. David komponierte zahlreiche Lieder und Psalmen. Es wird berichtet, dass David zu Ehren Gottes ausgelassen tanzte. David erfand selbst neue Instrumente und stellte gewaltige Chöre und Orchester mit virtuosen Musikern zusammen (1. Samuel 16,16; 2. Samuel 1,17–18; 6,14–21; 1. Chronik 23,5; 25,1–7).

Leonard Cohen schreibt David in seinem Lied darüber hinaus die Komposition des Halleluja zu. Halleluja, hebräisch הַלְלוּיָהּ, heißt wörtlich »preiset Jah«. »Jah« ist die Kurzform von Jahwe, dem Namen Gottes, der wegen seiner Heiligkeit nicht ausgesprochen werden durfte, was aber nicht die Kurzform »Jah« einschloss. In der hebräischen Bibel wird Halleluja meist als Überschrift und Abschluss einzelner Psalmen verwendet. Die deutsche Übersetzung lautet »Lobet den Herrn!«

In der zweiten Strophe singt Cohen allerdings davon, wie David die schöne Batseba beim Baden beobachtet und sie schändet. Aus der Bibel wissen wir, dass er ihren Ehemann Uria in den Tod schickt. Gott bestraft ihn für diese Schandtaten, um ihm aber letztlich wieder zu vergeben (2. Samuel 12). Die Strophe über König David, der erst das Halleluja zu Ehren Gottes komponierte, dann aber so niederträchtig handelte, ist eine offensichtliche Parallele zu Leonard Cohens eigenem Lebenswandel, von dem die dritte Strophe handelt.

Der Sänger singt von Erwartungen, die seine Partnerin an ihn hatte und die er nicht zu erfüllen vermochte. Er macht das an Namen, an Worten fest. Und in jedem Wort liegt auch ein Lichtstrahl. Ob gut oder schlecht – alles hat seinen Sinn. Und im Leben gibt es nicht nur ein heiliges Halleluja, sondern auch ein gebrochenes. Das ist der Schlüsselvers des gesamten Lieds, und es ist ein Stück Selbsterkenntnis. Der Journalist Larry Sloman, der Cohen sein Leben lang begleitete, sagte einmal, der Sänger meistere »den Drahtseilakt zwischen Heiligkeit und Geilheit« (»holiness and horniness«).[18] Ein gebrochenes Halleluja bei Leonard Cohen, ein Mick Jagger, der kein Heiliger wird, Patti Smith, die mit ihren Sünden selbst klarkommen muss – Rockmusiker können nicht anders, als den Menschen in seiner moralischen Ambivalenz zu sehen, auch aus der Selbstbetrachtung heraus.

Die vierte Strophe bleibt bei der Beziehung, die nicht gut gelaufen ist. Der Sänger hatte versucht, sein Bestes zu geben, muss sich aber eingestehen, dass das nicht viel war. Aber welche Beziehung ist es? Larry Sloman sagt, der Song handelt ganz einfach von der Frau, mit der Cohen in der vergangenen Nacht geschlafen hat. Also von allen. Und das waren viele. Und immer wieder das Gleiche. Cohen ist sich seiner Unzulänglichkeiten bewusst: Er ist nicht zu Gefühlen fähig, sondern nur zu Sex. Und die Frauen zu täuschen, gelingt ihm auch nicht. Am Ende liegt sein Leben in Trümmern, und er bereitet sich auf das Jüngste Gericht vor. Und da hat er nichts zu bieten als ein Halleluja, gebrochen, wie es ist.

Cohen hat rund 150 verschiedene Verse für *Hallelujah* entworfen, und bei Live-Performances trägt er immer wieder neue Textvarianten vor. Auf dem Album *Cohen Live* von 1994 singt er zum Beispiel den Vers »Vielleicht gibt es da oben einen Gott«. Das »vielleicht« bringt Zweifel zum Ausdruck, obwohl er sich im Tiefsten seines Herzens wünscht, dass es Gott gibt. Und er singt auch schon mal von einem »kalten« und »sehr gebrochenen«, mal auch von einem »sehr einsamen« Halleluja. Leonard Cohen ist ein Mann mit menschlichen Schwächen, und er hatte auch in spiritueller Hinsicht immer wieder mit Zweifeln und Irrwegen zu tun. »Ja«, räumte Cohen im Gespräch mit Arthur Kurzweil ein, »ich musste mit falschen Göttern herumhuren und vielleicht bin ich immer noch mit einem von ihnen im Bett«.[19]

Von einem Halleluja erwartet man üblicherweise einen Lobgesang, der die Herrlichkeit Gottes preist. Auch wenn dieser Gesang von David persönlich komponiert sein sollte, kann ihn Leonard Cohen nur gebrochen singen. Aber vielleicht findet er, der Mensch mit schwachem Fleisch, ja doch noch Gnade vor Gott. Denn immerhin liebt Gott die Musik und die Musiker.

V. E.

5.

Vom Suchen und Finden:

I STILL HAVEN'T FOUND WHAT I'M LOOKING FOR

von U2

Genre: Rock

Komposition/Text, Interpreten: U2/Bono

Erscheinungsdatum: 1987 auf dem Album *The Joshua Tree* (Island)

Auszeichnungen: 4x Platin, 2x Gold (verschiedene Länder); in den USA und Irland Nr. 1 der Charts; 2 Nominierungen bei den Grammy Awards; Nr. 93 bei The 500 Greatest Songs of All Time des Rolling Stone u. a.

Kann man Gott oder den Glauben jemals finden? Wann hat die Suche ein Ende? »Unruhig ist unser Herz, bis es Ruhe findet in dir, o Gott!«, meinte der Kirchenlehrer Augustinus im fünften Jahrhundert. Doch wann erreicht man endlich diese göttliche Ruhe? Noch im Leben oder hat das Suchen erst mit dem Tod ein Ende? Im 17. Jahrhundert beschrieb der englische Pfarrer John Bunyan diese Suche als eine Pilgerreise durchs Leben, mit Höhen und Tiefen, Erfolgen und Scheitern, Glaube und Zweifeln. Sein Buch *The Pilgrim's Progress* zählt zur Weltliteratur. Bono, der Sänger von U2, war fasziniert von dem Buch. Den Lebensweg so fantasievoll, bildreich und tiefsinnig vorzustellen – das ist große Kunst. Viele Stationen kennt Bono aus seinem eigenen Leben. Aufgrund seiner irischen Herkunft weiß er auch um die Gewalt, zu der der Glaube führen kann.

In seiner Jugendzeit in evangelikal-protestantischen Gruppen hatte er aber auch erlebt, welchen Trost der christliche Glaube spenden kann. Und er hatte bereits erfahren: Glaube ist nicht einfach mal da, wie aus dem Himmel gefallen, und bleibt ewig. Glaube reift. Beim naiven Kinderglauben stehen zu bleiben, widerspricht den Erfahrungen, die man während des Erwachsenwerdens macht. Dazu gehört die Erkenntnis: Phasen des Glaubens und Phasen des Zweifels wechseln sich ab. Auch der beste Wille bewahrt nicht davor, dass sich immer wieder auch Gedanken einschleichen, die Glaubensgewissheiten infrage stellen. So betrachtet, kann das Finden das Suchen nicht beenden. Es geht weiter. »Was mich an Religiosität total nervt, ist die Vorstellung des Gläubigen ohne Zweifel«, schreibt Bono in seiner Autobiografie *Surrender* (»*Hingabe*«) – »des Gläubigen, der nicht nur nie an seinem Gott zweifelt, sondern auch nicht an seiner Fähigkeit, die Heilige Schrift zu verstehen.«[20]

Die Musik zu *I Still Haven't Found What I'm Looking For* hatte die Band U2 bei einer Jamsession entwickelt. Ein rhythmisch außergewöhnliches Pattern von Drummer Larry Mullen Jr. stand am Anfang; Gitarrist David Howell Evans alias »The Edge« legte Gitarren-Riffs darüber. Bono wollte einen gospelartigen Song daraus machen. Drei Akkorde bilden eine einfache Harmoniefolge; der schwebende E-Gitarren-Sound gibt dem Song etwas Rockiges. Eine Gospel-Rock-Ballade ist das Ergebnis. Beim Jammen im Dubliner Studio versuchte Bono, eine Melodie dazu zu entwickeln. Gitarrist »The Edge« hatte die Idee für die Titelzeile: »I still haven't found what I'm looking for«. Bono ist entzückt. Ja, so ist es, bei ihm und vermutlich Millionen anderen: »Ich habe noch immer nicht gefunden, wonach ich suche«.

Schließlich schreibt er einen Text, der all seine Gedanken und Gefühle zum Glauben in vier Strophen und einen Refrain bringt. Der Text wirkt wie eine autobiografische Pilgerreise des Paul David Hewson, genannt Bono. Da erklimmt jemand die höchsten Berge, rennt durch die Landschaft, klettert über Mauern – nur um »bei dir« zu sein. Ist das eine Chiffre für die Sehnsucht nach Gott? Auch in der körperlichen Liebe hat er ihn gesucht, in der Begierde. Aber gefunden hat er nicht das, wonach er sich wirklich sehnte.

Nach der vergeblichen Suche nach Gott in der Welt wählt Bono biblische Bilder zur Beschreibung seines Fühlens. Der Apostel Paulus hatte einst erkannt: »Wenn ich mit Menschen- und mit Engelzungen redete und hätte der Liebe nicht, so wäre ich ein tönendes Erz oder eine klingende Schelle.« (1. Korintherbrief 13,1). Diese poetischen Worte spiegeln auch Bonos Erfahrung, auch er meint, er habe mit Engelszungen geredet. Dem Ziel seiner Suche hat ihn auch das nicht nähergebracht. Sogar mit einem Teufel hat er sich eingelassen. Nachts hat er zwar Wärme gespürt – doch er ist letztlich kalt wie ein Stein geblieben. Dann folgt ein Wechsel – der Sänger hält inne in seiner Suche und legt ein Glaubensbekenntnis ab: Er glaube an das kommende Reich Gottes. Denn Jesus habe alle Verstrickungen gelöst, die Ketten abgeworfen und das Kreuz und damit die menschliche Schuld auf sich genommen.

Ein dogmatisch korrektes christliches Glaubensbekenntnis in einem Rocksong – U2 machten es möglich! Der Song formuliert eine Kreuzestheologie, wie sie im Buch steht und allsonntäglich in den Kirchen verkündigt wird: Durch den Tod Jesu am Kreuz hat Gott die Menschen von ihren Sündenlasten befreit.

Am Ende entlässt Bono die Hörer allerdings nicht mit Glaubensgewissheit. Obwohl er um die Erlösung weiß, die Jesu Kreuzestod auch ihm verspricht – vom Weitersuchen befreit ihn das nicht. Mit mehrfacher Wiederholung des Refrainverses *I still haven't found what I'm looking for* klingt der Song aus.

Der Song erschien als zweiter Titel der CD *The Joshua Tree* – und wurde von Kritikern wie Fans frenetisch gefeiert. Bono war auch aus einem anderen Grund zufrieden wie nie zuvor: Der Band war es gelungen, sich der Welt ganz zu öffnen. Auf den bisherigen vier Alben seien sie wohl etwas »verkrampft« gewesen, bekennt er und übt Selbstkritik: Lange habe er gemeint, er müsse stets Antworten bieten. Nun stehe er zu seinen Zweifeln und zur »spirituellen Verwirrung«[21], die er ja mit anderen Künstlerinnen und Künstlern wie Bob Dylan, Van Morrison und Patti Smith teile.

In den Charts rückten das Album *The Joshua Tree* und die Single *I Still Haven't Found What I'm Looking For* auf die vordersten Plätze. Für ein Konzert im Madison Square Garden holte sich U2 einen Gospelchor zur Verstärkung. Die Probe in der Greater Calvary Baptist Church in New Yorks Stadtteil Harlem ist in einem Video dokumentiert. Der Chor – fast nur Schwarze Frauen – übernimmt nach und nach den ganzen Song und bringt ihn mit enormer Gospel-Power zum mitreißenden Finale. Bono, Larry Mullen und »The Edge« sind sichtlich bewegt.

Kamen da vielleicht auch Erinnerungen an ihre Jugend in den evangelikalen Kreisen ihrer Heimatstadt hoch? Oder an die erste Bandgründung? An die Zweifel, die ihnen kamen: Können wir uns als Christen in die Szene der schmuddeligen Rockmusik trauen? Klar ist: Sie haben ihrem Missionsdrang mit diesem Song auf äußert sympathische und effektive Weise Ausdruck verliehen. Mit ihm gelangt die christliche Botschaft in offener Weise auch zu Millionen Menschen, die mit dem Glauben – und erst recht mit der Kirche – nichts mehr am Hut haben. Die »Kraft Gottes« werde die Band »an die Spitze des Musik-Business« bringen, hatte Bono seinem Vater einmal gesagt: »Ich hoffe, unser Leben wird ein Zeugnis sein für die, die uns folgen, und für ein Musik-Business, wo sich nie zuvor so viele verlorene und mit Sorgen beladene Menschen auf einem Fleck versammelt haben und ständig so tun, als hätten sie eine tolle Zeit. Es ist unsere Motivation, mehr zu machen als gute Musik.«[22]

Mehr machen – das bedeutet für Bono auch politisches Engagement. Nicht für eine Partei, sondern zum Wohle der Zu-Kurz-Gekommenen auf der ganzen Welt. Bono setzt seine Popularität bis heute weltweit zur Unterstützung von Projekten gegen Hunger und für Menschenrechte und Klimaschutz ein. Er hat viele Mächtige der Welt kennengelernt: Politiker, Wirtschaftsbosse, den Papst und andere Religionsführer. Und er redete ihnen ins Gewissen, um die Gier der Reichen einzudämmen und einen Schuldenerlass für die Armen zu erwirken. Mitunter wirkt er wie ein Prophet, der den Wohlhabenden und Mächtigen die Leviten liest. Es sei Gottes Wille, dass Gerechtigkeit herrscht, dass kein Mensch hungern muss, dass Kriege beendet werden und dass die Schöpfung nicht zerstört wird. »In der Welt, aber nicht von dieser Welt sein«, so könnte das biblische Lebensmotto Bonos zusammengefasst werden. Dass er sich für so viele humanitäre Projekte einsetzt, bringt ihm auch Kritik ein. Die *taz* zum Beispiel nannte ihn einen »selbsternannten Moralapostel« und »argen Scheinheiligen«[23].

Jahrelang schrieb Bono an seiner Autobiografie, die 2021 erschien. Auf 600 Seiten legt er darin Rechenschaft ab über sein Leben, sein Wirken und seinen Glauben. Es hagelt Häme (»unangenehm selbstbesoffen«[24]) und Lob für »Selbstkritik und Humor«[25]. Der Tod der Mutter, als er 14 Jahre alt war, habe ihn zum Glauben gebracht, bekennt er. Das Loch in seinem Herzen habe er mit Musik füllen wollen – inzwischen wisse er aber, dass nur Gottes Liebe es füllen könne. Die findet er in der Bibel. Besonders das Buch der Psalmen hat es ihm angetan: »Der Psalmenschreiber ist brutal ehrlich, wenn es um die überschäumende Freude, aber auch die tiefe Trauer geht, die ich verspüre.«[26] Keine Schönfärberei, sondern Ehrlichkeit und Wahrheit brauche die Welt. Das wolle er auch in seiner Musik rüberbringen.

Und er versucht, Menschen dazu zu ermutigen, sich der eigenen Wahrheit zu stellen. Sein Ratschlag: Betrachte das Leben als Pilgerreise, kalkuliere Rückschläge ein, halte trotz allem an deiner Überzeugung fest. Ein gutes Vorbild findest du in dem jüdischen Wanderprediger Jesus von Nazareth, der das Himmelreich schon angebrochen sah und die Liebe Gottes verkündete.

Das Motiv des Lebenspilgers lässt Bono nicht los. 1992 schrieb er einen Songtext über die weise Frömmigkeit des namentlich nicht bekannten biblischen »Predigers«: »ein Geist, der noch nicht gefunden hat, was er sucht«. Es ist quasi die Fortführung von *I Still Haven't Found What I'm Looking For.* Bono nennt den Song *The Wanderer;* es wird »ein Gospelsong über Zweifel und Gewissheit, über die Reise, nicht so sehr über das Ziel«. Der »Prediger« reist durch die Welt, schaut sich die Menschen an und zieht daraus seine Schlüsse über das Leben und den Glauben. Er stelle fest, »dass Sex, Drogen, Geld und Ruhm nicht das Gelobte Land sind«, fasst Bono die Botschaft des biblischen Buches (das auch »Kohelet« genannt wird) zusammen und bezieht sie dabei auch auf sein eigenes Leben.

Noch besser als zu ihm selbst passe die Geschichte jedoch zu Johnny Cash, dem »urtypischen Pilger, den seine Pilgerreise weit gebracht hat«, meint Bono in seiner Autobiografie *Surrender.* Er schätzte Cash über alle Maßen, hatte ihn sogar einmal in dessen Haus in Hendersonville besucht. Danach schrieb er »Gründe, warum man Johnny Cash lieben muss«. Dazu zählen: »Er hat ›I Walk the Line‹ geschrieben und härter mit dem Schicksal gerungen als die meisten.« – »Trotz seiner eins fünfundachtzig hat er nie auf jemanden herabgeblickt.« Und: »Jesus Christus hat dieselben Initialen.«[27]

Bono bietet Cash den Song an. Der sagt zu, geht mit U2 ins Studio. Der Song erscheint 1993 auf der U2-CD *Zooropa* und wird von den Fans mit Erstaunen angenommen. Johnny Cash hat mal wieder Grenzen überwunden. Das klingt nicht nach Country – auf dem U2-typischen rockigen Fundament singt er einen Text, der wie seine eigene Geschichte klingt. Auf seiner Wanderung »mit der Bibel und einer Waffe« erlebte er viele schlimme Dinge: seelenlose Städte, Tod, Heuchelei, Umweltverschmutzung und Unterdrückung. Bemerkenswert: Der »Wanderer« kommt auch an einer Kirche vorbei, in der die Menschen das Himmelreich herbeiwünschen – aber Gott bitteschön nicht dabeihaben wollen.

Der Weg des »Wanderers« ist der Weg zu Jesus, der zur Rechten des Vaters sitzt, meint Bono. Und der Wanderer ist noch nicht am Ziel angekommen. Er sucht noch. Weiß, wonach, hat es aber noch nicht gefunden. Und harrt auf das Ende des Suchens, wenn das Herz endlich Ruhe in Gott findet.

U. B.

6.

»Jesus starb für irgendjemandes Sünden, aber nicht für meine«: GLORIA von Patti Smith

Genre: Punk-Rock

Komposition/Text: Patti Smith (Part 1) / Van Morrison (Part 2)

Interpretin: Patti Smith

Erscheinungsdatum: 1975 auf dem Album *Horses* (Arista)

Auszeichnungen: 2x Gold für das Album (verschiedene Länder)

Das zusammen mit Bruce Springsteen geschriebene *Because the Night* mag Patti Smiths bekanntester Song sein. Ihr Meisterstück, mit dem sie ihre Live-Auftritte stets beendet, ist allerdings *Gloria*. Dabei ist *Gloria* nur ein Cover und doch auch wieder nicht.

1963, im Alter von 18 Jahren, schrieb der nordirische Singer-Songwriter Van Morrison ein simples Lied, das er im folgenden Jahr mit seiner Gruppe Them veröffentlichte. Zu nur drei Akkorden singt ein Boy eine Hymne auf seine Freundin, die gegen Mitternacht zu ihm in die Wohnung kommt und ihn »glücklich« macht. Die Freundin heißt »Gloria«. Im Refrain wird ihr Name immer wieder buchstabiert. Es war schon ziemlich frech von dem aus einer atheistischen Familie stammenden Van Morrison, eine Sexgeschichte mit dem katholischen Kirchengesang *Gloria in excelsis Deo* (»Ehre sei Gott in der Höhe«) zu verknüpfen, der jedem Iren wohlbekannt war.

Die Amerikanerin Patti Smith hatte ihre Karriere als Poetin begonnen und dann eine kleine Band zusammengestellt. Niemand von ihnen beherrschte sein Instrument so richtig gut, aber genau das machte den Charme der Punkmusik aus. Punk war eine unbekümmerte, erfrischende und freche Antwort auf den Bombast-Rock mit seinen komplexen Arrangements, wie er von Pink Floyd oder Emerson, Lake & Palmer gespielt wurde. Und wenn man seine Instrumente nicht richtig beherrscht, dann kommt *Gloria* mit seinen drei Akkorden gerade recht. Die drei Möchtegernmusiker spielten die drei Akkorde einfach durch, manchmal 40 Minuten lang. Patti improvisierte dazu, bis ihre Cover-Version mehr als doppelt so viele Verse aufwies wie Van Morrisons Original. Patti Smith trägt einen Talking Blues vor, der sich musikalisch langsam entwickelt und dann, wie Ravels *Boléro,* an Intensität gewinnt – und mindestens die gleiche Erotik versprüht. Und sie singt, dass sie sich nicht um Anstandsregeln kümmert. Sie wird ermahnt, sich vorzusehen, aber sie ist fest entschlossen, Regeln und Vorschriften zu missachten. Sie geht auf eine Party, auf der »alles erlaubt ist«. Jeder wusste damals, dass damit auch Sex und Drogen gemeint waren. Aber dennoch ist die Sängerin gelangweilt, bis sie aus dem Fenster schaut und auf einem Parkplatz »ein süßes junges Ding« sieht, eine Frau, die ihren Körper lasziv an einer Parkuhr reibt. Und sie begehrt sie. Und sie nimmt sie mit zu sich nach Hause.

Die Story entwickelt sich. Ganz langsam kommt die Schöne die Treppe hoch. Und sie sieht so gut aus und so schön. Und sie kommt durch die Tür. Und sie sieht so gut aus und so schön. In ihrem roten Kleid. Und sie kommt. Dass sie »kommt«, ist im Englischen so zweideutig wie im Deutschen. Und so geht es weiter, bis sie sie endlich hat. Und nachdem es geschehen ist, war sie so gut. Und sie fragt nach ihrem Namen: *Gloria.* Der Rest des Songs feiert den Ruhm von Gloria. Und am Ende läuten die Kirchenglocken.

Der Song war im Jahr 1975 ziemlich anstößig. Die offene Schilderung von Sex hätte schon genügt. Und nun sang eine Frau auch noch von einem Abenteuer mit einer anderen Frau! (Patti Smith behauptete zwar, dass sie nicht lesbisch sei und aus einer geschlechtsneutralen Position heraus gesungen habe, aber in den Ohren der Fans konnte das auch anders klingen.) *Gloria* war ein Song über eine dreifache Befreiung: über die sexuelle Befreiung, über die Befreiung von spießbürgerlichen Regeln und über die religiöse Befreiung. Der erste und der letzte Vers von *Gloria* lauten nämlich: *Jesus starb für irgendjemandes Sünden, aber nicht für meine.*

Der Vers stammt aus dem Gedicht *Oath,* das Patti Smith als Zwanzigjährige geschrieben hatte, um sich mit einem verbalen Paukenschlag von der strengen Erziehung der Zeugen Jehovas zu lösen. In dem Gedicht spricht sie zu Jesus und sagt ihm, dass sie ihn »feuern« werde. Sie könne ihr Licht selbst leuchten lassen, und im Übrigen sei die Dunkelheit ja auch nicht so übel. Ja, Jesus sei gehenkt worden, aber doch nicht für sie, sondern für andere Menschen.

Das war der Wutschrei einer Heranwachsenden gegen eine fundamentalistische christliche Sekte, bei der sie überstrenge Moralvorschriften kennengelernt hatte. Dass sie mit *Oath* den Bogen überspannt hatte, schien Patti Smith selbst klar zu sein, da sie das Gedicht zwar bei Lesungen vortrug, aber nicht in ihre ersten beiden gedruckten Gedichtbände aufnahm. Aber sie integrierte ein paar Verse in den Song *Gloria,* wo sie den Prolog für das sexuelle Abenteuer bilden. Sie singt, dass es ihr Spaß macht, sich in schlechter Gesellschaft herumzutreiben und ein Herz aus Stein zu haben. Ihre Sünden gehören schließlich nur ihr selbst. Auf Vergebung und Erlösung ist sie nicht angewiesen.

Die erste Person Singular spielt in *Gloria* eine sehr prominente Rolle, in allen grammatikalischen Formen, als »I«, »me«, »my« oder »mine«, meist auch noch wiederholt. Selbst wenn sie »G – L – O – R – I – A« buchstabiert, wird das doppeldeutige »I« besonders betont. Patti Smith sieht sich als eigenverantwortliche Person, die sich keinen Gemeinschaftsnormen mehr unterordnet und sich das Recht nimmt, gegen diese Normen zu verstoßen und alle Sünden zu begehen, die sie will – insbesondere die »Sünde« der Wollust. Sie positioniert sich als sexuell freizügige Sünderin, die sich über die Schuldgefühle hinwegsetzt, die ihr eine lustfeindliche Religionsgemeinschaft vermittelt hatte. Damit wurde sie zum Vorbild anderer Pop- und Rocksängerinnen und -sänger wie Madonna und Prince, die in ihren Songs und ihrem Auftreten ebenfalls das Spannungsfeld zwischen Sex und Sünde beackerten.

Patti Smith pflegte ihre Live-Konzerte mit *Gloria* zu beenden und hatte in der Osternacht 1976 mit dem Song einen viel beachteten Auftritt in der Comedy-Show *Saturday Night Live.* Am 23. Januar 1977 kam es jedoch zu einem traumatischen Einschnitt in ihrem Leben. Sie performte in der wunderschönen Stadt Tampa an Floridas Golfküste. Sie war nüchtern, hatte keine Drogen genommen und wirbelte auch nicht wie sonst über die Bühne. Denn die Bühne war eng und hatte auch zu wenig Licht. Und dann passierte es. Sie sang das Lied *Ain't it Strange.* Der Song handelt von einer mystischen Vereinigung mit Gott. Sie singt in zweideutigen Worten, dass sie den Tempel betreten will, dass sie die fiebernde Hand Gottes spürt, dass ihr schwindlig wird, dass sie sich dreht und wirbelt, dass sie sich in eine andere Dimension bewegen will.

Und just in dem Moment, als sie singt »Gottes Hand, ich fühle den Finger«, stolpert sie über einen Monitor, versucht noch vergeblich, sich am kippeligen Mikrofonständer festzuhalten, und stürzt drei Meter tief auf den Betonboden.

Sie brach sich mehrere Halswirbel, was sie beinahe das Leben kostete. Aber sie hatte einen robusten Arzt, der ihr sagte, »das kann jedem passieren und das wird schon wieder«.[28] Es war derselbe Arzt, der Keith Richards behandelt hatte, als dieser ebenfalls einmal von einer Bühne gestürzt war. Tatsächlich verheilten die Wirbel wieder, aber der Unfall hatte der Sängerin zu denken gegeben. Sie machte ihre kritische Haltung zur Religion für ihren Unfall verantwortlich, erzählte sie im März 1978 dem *Melody Maker.*

Dass Jesus nicht für ihre Sünden gestorben sei, erklärte sie, habe nichts damit zu tun, ob sie an Christus glaubt oder ihn annimmt. Sie wolle lediglich selbst die Verantwortung für ihr Handeln übernehmen und diese nicht an »ein mythisches oder ethisches Symbol« abgeben. Sie sei sogar »eine sehr alttestamentliche Art von Person in der Hinsicht, dass der Mensch im Alten Testament direkt mit Gott kommunizierte.« Im Neuen Testament müsse der Mensch mit Gott durch Christus kommunizieren.

Und genau das sei auf der Bühne von Tampa passiert. Denn sie stürzte exakt in dem Augenblick, als sie sang »Gottes Hand, ich fühle den Finger«. Und Patti Smith sagte wörtlich: »Und ich fühlte den Finger, wie er mich umwarf.« Denn sie habe Gott stets herausgefordert, um »eine Art von zerebraler und sexueller Kommunikation mit Gott zu fühlen«. Die »endgültige Kommunikation mit Gott« sei jedoch der Tod: »Gott ist Leben nach dem Tod. [...] Er ist etwas, mit dem wir eine vollständige zerebrale und sexuelle Kommunikation haben, wenn wir tot sind. Ich möchte mit Gott kommunizieren, aber nicht auf Kosten meines Lebens – ich mag es, hier zu sein.« Als sie von der Bühne stürzte, fühlte sie, dass sie durch »den schwarzen Tunnel« ging, aber sie wollte nicht abtreten.[29]

Am 10. September 1979 gab Patti Smith in Florenz ihr bisher größtes Konzert. Zum ersten Mal eröffnete sie ihr letztes Stück *Gloria* mit den Worten »Jesus starb für irgendjemandes Sünden. Warum nicht für meine?« Viel später, im Jahr 1995, erklärte Patti Smith diese Änderung gegenüber der *Philadelphia City Paper.* Weil sie in ihrer Jugend stark in eine christliche Gemeinschaft eingebunden war, wurde sie skeptisch gegenüber den evangelikalen Dogmen. Und sie wollte für ihre eigenen Missetaten selbst verantwortlich sein. Nach der Phase der Rebellion gegen das Christentum ihrer Jugend offenbarte ihr der Kinofilm *Das 1. Evangelium – Matthäus* von Pier Paolo Pasolini ein ganz anderes Jesusbild, als ihr bisher vermittelt worden war. Denn Pasolini hatte Jesus als einen Revolutionär porträtiert. Und Patti Smith erklärt: »Ich bewertete [Jesus Christus] neu und stellte fest, dass er uns die einfachsten und großartigsten Ideen geschenkt hat: einander zu lieben, Gott allen Menschen zugänglich zu machen und den Menschen einen Sinn für Gemeinschaft zu geben, dass sie niemals allein sein würden. Es ist keine Versöhnung, es ist mehr eine Verbeugung.«[30]

Die Glaubensbiografie von Patti Smith ähnelt damit der vieler anderer Rock- und Popmusikerinnen und -musiker: Sie war aufgewachsen in einem christlichen Milieu mit sehr strengen Moralvorstellungen, wo sie Scheinheiligkeit und Doppelmoral erfahren hat, eigene Schuldgefühle und Bestrafungen. Sie brach aus, zog nach New York: Mit diesem Paukenschlag distanzierte sie sich von dem strengen Glauben ihres Elternhauses. Der neue Glaube, zu dem sie dann zurückfand, war anders. In seinem Mittelpunkt stand das Bild von Jesus, der sich selbst gegen scheinheilige Moralvorstellungen gewandt hatte, der rebellisch war und der Vergebung und Versöhnung gewährt.

Patti Smiths spiritueller Lebensweg aus einer Sekte in die Welt eines frei angenommenen Glaubens wirkt wie eine Befreiung. Sie könnte als moderner Beleg für die religionssoziologischen Thesen des viel beachteten Theologen Ernst Troeltsch dienen. Der war vor hundert Jahren in einer monumentalen Untersuchung zum Schluss gekommen, dass das Evangelium Jesu keine Religionsgemeinschaft begründete. Vielmehr bildeten sich drei »Haupttypen der soziologischen Selbstgestaltung der christlichen Idee«: die Kirche, die Sekte und die Mystik. Die »Kirche« wolle möglichst viele Gläubige ansprechen und sei liberal. Die »Sekte« beschränke sich dagegen auf kleine Kreise, die sich durch strenge Moralvorschriften von anderen abgrenzen. Die »Mystik« sei eine höchst »individuelle Verinnerlichung und Unmittelbarmachung« des Glaubens.[31]

Bei Patti Smith ist deutlich: Sie verließ die Sekte – Jehovas Zeugen – und vollzog den Übergang zur Mystik; das heißt, sie erlebte unmittelbare Gotteserfahrungen, die bis zur »sexuellen« Kommunikation mit Gott reichten. Jesus sieht sie als »Revolutionär«; mit ihm fühlt sie sich in ihrem rebellischen Geist verwandt. Der mystische Glaube schenke Intellektuellen ein »Asyl« für ihren Glauben, meinte der Theologe Troeltsch. Das trifft offensichtlich auch für kreative und rebellische Rock- und Popmusikerinnen und -musiker zu, die sich aus den vermeintlich religiösen Fesseln hyperstrenger moralischer Normen befreien.

V. E.

7.

Der Himmel ist auf Erden:

HEAVEN'S HERE ON EARTH

von Tracy Chapman

Genre: Folk-Rock

Komposition/Text, Interpretin: Tracy Chapman

Erscheinungsdatum: 1995 auf dem Album *New Beginning* (Elektra)

Auszeichnungen (Album): Grammy-Nominierung; in fünf Ländern unter den Top Ten; 16x Platin, 3x Gold (verschiedene Länder)

Was man tun kann, um das Universum, das Leben und Gott zu verstehen? Einige Methoden sind nicht zielführend, meint die afroamerikanische Songwriterin Tracy Chapman. Zum Beispiel bringe es nichts, in den Sternen Antworten zu suchen oder nach Leben auf entfernten Planeten Ausschau zu halten. Eine gute Herangehensweise sei hingegen Vertrauen in das ewige Leben. Jeder Mensch habe in seinem Inneren »die Karte des Labyrinths« und ahne: Der spirituelle Himmel ist nicht »da oben«, auch ist Gott nicht beweisbar. Gott müsse man auch gar nicht in anderen Sphären suchen. Denn der Himmel – der ist hier auf Erden. In ihrem Song *Heaven's Here on Earth* breitet sie ihre Gedanken poetisch aus. Da erklärt sie, worauf es ankommt, damit es auf Erden himmlisch zugeht: auf Respekt vor dem Irdischen, auf den Glauben an Frieden und die Kraft der Liebe. Wir alle leben in einem Geist; Schmerz und Leid, die auf der Welt geschehen, gehen nicht auf überirdische Mächte zurück, sondern auf Menschen.

Tracy Chapman bürstet die Religion gegen den Strich, ohne den Respekt vor ihr zu verlieren. Sie holt Gott auf den Boden der Wirklichkeit zurück, mitten in den Alltag mit allen offenen Fragen, mit aller Freude und allem Leid. Mit wenigen, wohlgesetzten Worten beantwortet sie die Fragen nach dem »Warum« des Leids auf gleichzeitig gottlose und realitätsfromme Weise. Statt den Heiligen Geist anzuklagen, der nicht einschreite, sieht sie die Menschen in der Verantwortung. Wir Menschen sind für Leid und Krieg auf der Welt verantwortlich – wir haben aber auch das Potenzial für Schönheit, Frieden, Liebe und Verständnis. Ein Hinweis darauf, dass das Gute und das Böse zugleich im Menschen stecken.

Schluss also mit Gott? Nein. So einfach ist das nicht bei Tracy Chapman. Denn sie outet sich als irgendwie gläubig. Zum Beispiel meint sie: Die guten Menschen, die es auf Erden gibt, könnten verkleidete Engel sein. Auch dieser Gedanke findet sich in ihrem Lied. Unsere heutige Vorstellung von Engeln ist von der Bibel geprägt – und von den Werken der Malerei seit der Renaissance. Engel sind der Bibel zufolge spirituelle Boten Gottes. Sie bringen himmlische Botschaften auf die Erde. In der Geburtsgeschichte Jesu spielen sie eine wichtige Rolle. Der Erzengel Gabriel überbringt der jungen Frau Maria aus Nazareth die Botschaft, dass sie Gottes Sohn gebären werde – und das, obwohl sie »von keinem Mann wusste«, also Jungfrau ist. Kurz nach der Geburt Jesu verkündigt eine Heerschar himmlischer Engel den Hirten auf dem Felde »eine große Freude«, nämlich die Geburt des Gottessohnes. Die Bibel schildert, dass Menschen Angst bekommen, wenn sie Engeln begegnen; deshalb eröffnen diese ihre Botschaft stets mit den Worten »Fürchte dich nicht!«

Neben diesen erkennbaren Engeln weiß die Bibel auch von Engeln, die den Menschen quasi inkognito erscheinen. Man solle gastfreundlich sein, mahnt deshalb der neutestamentliche Hebräerbrief (13,2), es könnte ja sein, dass man unwissentlich Engel beherberge. Der christliche Lyriker Rudolf Otto Wiemer schrieb über diese Art Engelserscheinung ein herziges Gedicht, in dem er daran erinnert: Die

Vorstellung, dass Engel imposante Männer mit Flügeln seien, ist unzutreffend. Manchmal sind sie alt, hässlich und klein. Vielleicht wohne ein Engel auch in der eigenen Nachbarschaft, meint Wiemer. Dann zählt er auf, was Engel so tun: Ohne Schwert und weißes Gewand bringen sie dem Hungernden Brot, machen dem Kranken das Bett. Sie hören zu, wenn jemand sie in nächtlicher Verzweiflung anruft, und manchmal stellen sie sich auch menschlichen Plänen in den Weg und bewahren so vor leichtfertigem oder selbst verursachtem Unheil.

Dass Tracy Chapman das Gedicht Rudolf Otto Wiemers kennt, ist unwahrscheinlich. Doch ihre Zeilen über Engel entspringen derselben Vorstellung. Sie entzieht die Engel der religiösen Überhöhung und nährt die Vorstellung: Jede, jeder in unserer Umgebung könnte sich als Engel entpuppen. Und so wie die Engel im Widerspruch zu vielen anderslautenden religiösen Bekundungen nicht im Himmel, sondern auf Erden wohnen – so sei eben auch der Himmel auf Erden zu finden. Bei Tracy Chapman verschwimmen wundersam die Grenzen zwischen Diesseits und Jenseits. Sie respektiert den Glauben – gerade das ist der Grund, weshalb sie den Blick auf die irdische Wirklichkeit lenkt. Um ihre Botschaft zu formulieren, nutzt sie die wirkmächtigen, jahrtausendealten Bilder der biblischen Erzählungen. »Das Himmelreich ist nahe herbeigekommen« – diese Worte übernahm Tracy Chapman eins zu eins von Jesus, sie sind im Matthäusevangelium überliefert (Mt 3,2; 4,17; 10,7). Dass das »gelobte Land« einem Menschen zu Füßen liege: Dieses Bild findet sich in der Geschichte der Wüstenwanderung des Volkes Israel. Mose hatte die Menschen aus der ägyptischen Sklaverei befreit, immer mit der Verheißung, er führe sie ins Land, in dem »Milch und Honig fließen«. Das Volk Israel ließ sich von dieser Vision stärken – und sah nach entbehrungsreichen vierzig Jahren tatsächlich von einem Gipfel herab das »gelobte Land« – den »Himmel auf Erden«.

Heutzutage hat diese Formulierung allerdings an Kraft verloren. Allzu viele Werbeversprechen haben diese Metapher kommerziell verflacht. Dessous, Luxus-Lebensmittel, Autos: Materielle Dinge sind es, denen hier oft zugesprochen wird, die spirituelle Sehnsucht nach dem Himmel zu stillen. Für Tracy Chapman ist der »Himmel auf Erden« etwas anderes, vielleicht das, was auch Mose im Sinn hatte: »Der Himmel auf Erden« zeigt sich dann, wenn sich die Menschen aus freien Stücken an die Gebote Gottes halten und wenn Gerechtigkeit und Respekt unter den Menschen einkehren. Die Menschen seien dazu in der Lage. Und wenn sie es umsetzen, dann werde die ganze Welt zur Kirche. Mit diesem Gedanken gibt sie allen Auffassungen Kontra, die Gottes Wirken an Kirchenbauten, Kleriker oder kirchliche Liturgien und Bekenntnisse binden. »Außerhalb der Kirche gibt es kein Heil« – dieses Selbstverständnis prägt (in unterschiedlicher Vehemenz) seit dem dritten Jahrhundert christliche Kirchen. Tracy Chapman widerspricht selbstbewusst. Es geht ihr weder um Kirchenzugehörigkeit noch um Rechtgläubigkeit, sondern um Liebe zu allem Irdischen, zur gesamten Schöpfung.

Woher Chapman ihr Selbstbewusstsein bezieht? Aufgewachsen ist sie in sehr einfachen Verhältnissen in Cleveland, Ohio. Ihr Großvater war Priester. Sie kam in Kontakt mit einer baptistischen Kirche, besuchte dort Gottesdienste. Vermutlich hörte sie dort vom Himmelreich, das schon jetzt auf der Erde angebrochen ist. Ein Stipendium ermöglichte ihr ein Studium der Anthropologie an der renommierten Bostoner Tufts University. Seit Kindertagen liebte sie die Musik. Neben dem Studium nahm sie erste Demos ihrer Songs auf. Ein Kommilitone hatte Beziehungen zur Plattenfirma Elektra Records, das verhalf ihr zum ersten Plattenvertrag. Im April 1988 erschien ihr erstes Album und begeisterte viele. Die Songwriterin mit der kämpferischen, weichen Stimme und den Folksongs, in denen sie Ungerechtigkeiten anprangerte, aber auch über die Liebe sang, traf die Sehnsüchte und Fragen unzähliger Menschen.

Vier Monate später, am 11. Juni 1988, fand sich die 24-jährige Newcomerin auf einer Riesenbühne in London wieder – zusammen mit Weltstars wie Whitney Houston, Sting, Jessye Norman, Natalie Cole und den Dire Straits. Der Anlass war der 70. Geburtstag des inhaftierten südafrikanischen Freiheitskämpfers Nelson Mandela. Die Welt hoffte auf das Ende der Apartheid und die Freilassung des späteren Friedensnobelpreisträgers. Von London aus machten sich die Musikerinnen und Musiker dafür stark. In ihrem ersten Song *Why* nahm Tracy Chapman die bohrenden Fragen der Menschen auf, sie fragt, warum Babys sterben müssen, wo es doch genug Nahrung gibt, um die ganze Welt zu ernähren. Im Stil biblischer Propheten kündigt Chapman an: Es werde eine Zeit kommen, in der die Blinden sehend werden und die Stummen die Wahrheit verkünden. Im zweiten Song *Behind the Wall* erzählt sie über Gewalt gegen Frauen, und schließlich singt sie von der Revolution, die sicher kommen werde, das spreche sich bereits herum *(Talkin' 'bout a Revolution)*. Die Ehrlichkeit und Kraft, mit der diese kleine Schwarze Frau mit ihrer Gitarre ganz allein auf der Bühne steht, überträgt sich auf die 72 000 Menschen im Wembley-Stadion.

Eigentlich war Tracy Chapmans Auftritt beendet. Doch dann gab es während des Auftritts von Stevie Wonder technische Probleme, er musste seine Performance abbrechen. Der Veranstalter holte Tracy Chapman zur Überbrückung nochmals auf die Bühne, nur Gesang und Gitarre, das ließ sich schnell einrichten. Etwas überrumpelt ging sie ans Mikro und sang *Fast Car,* ein Lied über eine junge Frau, die ihrer trostlosen Situation entkommen will – bloß weit weg fahren in einem schnellen Auto. *Across the Lines* folgt, ein Lied über rassistische Gewalt in den USA und die daraus entstehenden Unruhen.

Nach diesem Auftritt ist Tracy Chapman weltbekannt. Nicht aus kommerziellem Kalkül, sondern mit Glaubwürdigkeit hatte sie sich in die Herzen aller gesungen, denen es um Frieden und Gerechtigkeit geht. Auftritte für Amnesty International folgen – unter anderem mit Sting, Bruce Springsteen und Youssou N'Dour. Mehr als 20 Millionen Mal verkauft sich ihr Debütalbum.

Viele Alben folgen, viele Grammys und andere Preise der großen Musikverbände. 2023 verlieh ihr der Staat Südafrika einen Orden für ihre Unterstützung und Solidarität im Freiheitskampf Südafrikas und ihr weltweites Engagement für Menschenrechte.

Bei alldem ist der Glaube eine Art Kompass für sie. Ob sie getauft ist, weiß sie nicht. Religiös sei sie nicht, sagt sie – aber große Neugier auf den Glauben habe sie sich bewahrt. »Jede Kultur hat eine Form von geistlicher Praxis und eine Vorstellung von Gott, die fast alles prägt, was die Menschen tun. Ich möchte verstehen, was Glaube ist, was die Vorstellungen von Gott sind und wie sie uns beeinflussen.«[32] Wer nur an Schicksal glaube, könne sich leicht aus der Verantwortung für das gedeihliche Zusammenleben ziehen.

In der »baptistischen Tradition«, in der sie aufgewachsen ist, habe Toleranz geherrscht, erinnert sie sich – auch gegenüber Andersgläubigen. Das legte ein Fundament für ihr heutiges soziales Engagement für Gerechtigkeit. Und manche Lieder seien durchaus wie Gebete.

Auf erstaunliche Weise verschwimmen bei Tracy Chapman die Grenzen zwischen Welt und Gott, Erde und Himmel, Glaube und Vernunft. Wer davon überzeugt ist, dass der Himmel auf Erden bereits nah ist, der braucht keine Abgrenzung, sondern schmiedet eine Allianz der Gutwilligen aller Religionen und Kulturen – und muss dabei den eigenen Glauben nicht verlieren.

U. B.

8.

Gott stößt die Gewaltigen vom Thron und erhebt die Niedrigen: DAS ALBUM THEOLOGY von Sinéad O'Connor

Genre: Folk-Rock

Komposition/Text: Sinéad O'Connor / Ron Tomlinson

Interpretin: Sinéad O'Connor

Erscheinungsdatum: 2007 (Rubyworks)

Auszeichnungen: Nr. 15 in den Independent Album Charts in den USA und UK

Die irische Sängerin Sinéad Marie Bernadette O'Connor, die mit ihrer gefühlvollen Interpretation der Prince-Nummer *Nothing Compares 2 U* Furore gemacht hat, hatte ein kompliziertes Verhältnis zur Religion. Dabei war sie nach der Heiligen Bernadette von Lourdes benannt worden, der die Jungfrau Maria erschienen war, außerdem nach der Gottesmutter Maria selbst sowie schließlich nach der Mutter ihres Geburtshelfers, die Sinéad de Valera hieß. Aber ihre Mutter behandelte sie alles andere als christlich. Die kleine Sinéad wurde regelmäßig physisch und psychisch misshandelt und auch dazu angestiftet, bei der Messe aus der Kollekte zu stehlen und Sammelbüchsen für karitative Zwecke zu plündern.[33] Nachdem sie durch Schulschwänzen und Ladendiebstähle aufgefallen war, kam sie mit 15 Jahren in ein Heim für gefallene Mädchen, das von einem Nonnenorden betrieben wurde. Auch dort musste sie Traumatisierendes erleben. Kein Wunder, dass sie ein kritisches Verhältnis zur Katholischen Kirche entwickelte. Wie andere kreative Geister, denen großes Unrecht widerfahren war (denken wir etwa an Heinrich Heine), war Sinéad O'Connor einerseits extrem sensibel und verletzlich; andererseits konnte sie auch plakativ, unversöhnlich und ziemlich aggressiv werden. Das war eine Aggressivität, die entsteht, wenn man sich so hilflos und so verzweifelt fühlt, dass man glaubt, sich nicht mehr anders helfen zu können.

Als die 25-Jährige bereits ein internationaler Star war, hatte sie einen denkwürdigen Auftritt in der US-amerikanischen Show *Saturday Night Live* vom 3. Oktober 1992. Mit brüchiger Stimme trägt sie das gesellschaftskritische Lied *War* von Bob Marley vor, in das sie Verse zum Thema Kindesmissbrauch einfügt, den sie ja selbst erlebt hatte, am eigenen Körper und an der eigenen Seele. Sie singt Marleys letzte Worte »Wir vertrauen auf den Sieg des Guten über das Böse«, und während sie das Wort »evil« in die Länge zieht, präsentiert sie ein Bild des Papstes Johannes Paul II., zerreißt es demonstrativ und ruft aus: »Bekämpft den wirklichen Feind!«

Das Zerreißen des Papstbilds, das ihr einziges Erinnerungsstück aus dem Nachlass ihrer verhassten Mutter war, verursachte einen gewaltigen Skandal. Über die unmittelbaren Reaktionen schrieb sie selbst: »Völlig fassungsloses Schweigen im Publikum. Und als ich hinter die Bühne gehe, ist buchstäblich kein einziger Mensch zu sehen. Alle Türen haben sich geschlossen. Jeder ist verschwunden. Einschließlich meines eigenen Managers, der sich für drei Tage in seinem Zimmer einschließt und sein Telefon ausstöpselt.«[34] Der Sender NBC belegte sie mit lebenslangem Sendeverbot. Frank Sinatra, der sich trotz seiner Eskapaden als guter Katholik betrachtete, verurteilte sie von der Bühne aus mit Kraftausdrücken. Kollegin Madonna, die auch ihre Schwierigkeiten mit der Katholischen Kirche hatte, sagte in einem Interview: »Ich glaube, es gibt einen besseren Weg, ihre Ideen zu präsentieren, als ein Bild zu zerreißen, das anderen Menschen viel bedeutet. [...] Wenn sie gegen die Römisch-Katholische Kirche ist und ein Problem mit ihr hat, dann soll sie darüber sprechen.«[35]

Der schlimmste Moment kam zwei Wochen später – ausgerechnet auf einem All-Star-Konzert zu Ehren Bob Dylans. Ihr Kollege Kris Kristofferson hatte sie noch mit warmen Worten angekündigt, doch dann stand sie ganz allein vor dem Mikrofon und sah sich einem Sturm von Pfiffen und Buhrufen des Publikums ausgesetzt. Der Pianist versuchte mehrfach, den Dylan-Song *I Believe in You* anzuspielen, aber die Töne gingen im Geschrei unter. Man sah Sinéad an, dass sie gerade durch die Hölle ging. Sie signalisierte dem Pianisten aufzuhören und sang stattdessen das Lied *War* a capella. Danach fiel sie Kristofferson vollkommen erschöpft in die Arme.

Kurz darauf erklärte sich Sinéad in einem Brief an die Presse. Darin machte sie die Anglikanische und die Katholische Kirche für ihre unglückliche Kindheit und für die Probleme ihres Heimatlandes verantwortlich: »Der Grund meines Missbrauchs ist die Geschichte meines Volkes, dem Identität und Kultur von den Briten mit voller Erlaubnis des ›Heiligen‹ Römischen Reichs genommen wurden. Die Katholische Kirche hat uns kontrolliert, indem sie die Erziehung kontrolliert hat. Durch ihre Lehren über Sexualität, Ehe, Geburtenkontrolle und Abtreibung.«[36]

Es waren also gleich drei Dämonen, gegen die sie zeit ihres Lebens kämpfte: ihre Kindheit, die Katholische Kirche und die Dominanz Englands, die mit der Eroberung Irlands durch die Normannen im Jahr 1169 begann. Sinéad O'Connor hatte immer ihren eigenen Kopf. Aus Protest gegen die Dämonen der Vergangenheit änderte sie unter anderem mehrfach ihren Namen und trat schließlich sogar vorübergehend zum Islam über. Ihre Religiosität und ihre anhaltende Ablehnung kirchlicher Institutionen führten sie auf eine Achterbahnfahrt zwischen Kirchenkritik und Spiritualität.

Am 18. Juni 2007 veröffentlichte sie ein Album mit dem Titel *Theology*, das einen mäßigen Erfolg verbuchte. Es kann als ihr spirituelles Vermächtnis gelten, weil sie niemals zuvor und niemals danach ihren Glauben so persönlich in Musik transformierte. Der Text von *Whomsoever Dwells* ähnelt einem konventionellen Kirchenlied, das den Herrn als Retter verherrlicht (»er ist meine Festung«, »er wird dich erheben«, »du brauchst nichts zu fürchten«). Das Lied *33* greift das Thema etwas moderner auf, wenn es darin heißt: »Sing' zu Jah mit deiner Gitarre / Dreh' den Bassverstärker auf«.

Anspruchsvoller ist *Watcher of Men* – das ist die Bezeichnung Gottes in Hiob 7,20, von Luther übersetzt mit »Menschenhüter«. Und tatsächlich scheint sich die Sängerin wie Hiob zu fühlen. Immer wieder fragt sie, warum sie überhaupt geboren wurde, warum sie nicht bei der Geburt gestorben ist. Die Eindringlichkeit des Gesangs, die Wiederholung von Varianten des Themas geht über einen allgemeinen Weltschmerz hinaus. Dieses Lied ist der Schrei einer geschundenen Kreatur, der man die Kindheit geraubt hat. Mit fast 40 Jahren war die Sängerin immer noch so sehr von ihrer Kindheit traumatisiert, dass sie sich wünschte, nie geboren zu sein.

Aber der Song enthält auch eine gesellschaftskritische Wendung, wenn sie von Herrschern und ihren Beratern singt, die nichts Konstruktives, nichts Dauerndes hinterlassen, sondern nur Ruinen. Aber der Tod macht alle gleich, die Herrscher wie die Unterdrückten, und im himmlischen Paradies werden auch die Sklaven endlich ihre Freiheit finden. Wie Hiob klagt sie Gott an, den sie, ebenfalls wie Hiob, als »Menschenhüter« anredet. Denn sie sei unschuldig gewesen, aber Gott habe ihr grobes Unrecht angetan, habe sie isoliert, dafür gesorgt, dass sie niemand versteht und dass sie eine Außenseiterin ist. Die Wunden, die ihr nach der Sache mit dem Papstbild zugefügt worden waren, waren auch 15 Jahre später noch nicht verheilt. Der Song endet damit, dass die Sängerin einsieht, dass ihr Gottes Ratschlüsse unverständlich bleiben müssen. Aber sie hat Gott erlebt, mit eigenen Augen und Ohren. Und es ist ihr klar geworden, dass sie nichts als Staub ist. Im Angesicht Gottes erniedrigt sich die Sängerin selbst. Ein christlicher Song zu einem Thema, das viele Menschen bewegt, mit einer sehr konservativen, sehr demütigen Botschaft. Wo ist die Rebellin geblieben?

Ein Song, der *The Glory of Jah* betitelt ist, »Die Herrlichkeit Jahs«, kann doch eigentlich nichts anderes sein als ein Loblied – oder? Tatsächlich ist der Song eine klassische Lobpreisung des Herrn, die sich auch traditioneller Formulierungen und Metaphern bedient. Das soll bewusst antiquiert wirken, um die eigentliche Aussage des Songs mit biblischer Legitimation zu versehen. Die wirkliche Botschaft lautet nämlich, dass Gott auch die Herrscher einsetzt und wieder abberuft, wenn es ihm gefällt, dass er arm macht und reich macht und dass er die Schwachen am Ende wieder mit Stärke versieht. Dass sich Gott für die Schwachen einsetzt und die Mächtigen stürzen wird, ist unter anderem im Lukasevangelium 1,52 zu lesen: »Er stößt die Gewaltigen vom Thron und erhebt die Niedrigen.« Fünf der insgesamt 15 Verse des Lieds *The Glory of Jah* sind Variationen dieses Themas. Das zentrale Element der Herrlichkeit Gottes ist seine Gerechtigkeit. Sinéad O'Connor verstand sich in dieser Phase ihres Lebens nicht nur als gläubige Christin, sondern auch als Kämpferin für die Armen, Unterdrückten und

Schwachen. Ihre Kritik an der Katholischen und Anglikanischen Kirche, die stets mit den Mächtigen paktiert hatten, bettet sie hier in einen geradezu mittelalterlichen Lobgesang für Gott, der auf der Seite der Schwachen steht. Dagegen könnte wohl kaum ein konservativer Kirchenmann etwas einwenden.

Rob Sheffield vom *Rolling-Stone*-Magazin hatte diese kritischen Elemente wohl übersehen, als er sich über Sinéads Frömmigkeit lustig machte und das Album *Theology* wegen der »mega-ernsthaften« Auseinandersetzung mit Gott mit nur einem von fünf Sternen bewertete.[37] Seine Kollegin Adrienne Murphy von der irischen *Hot Press* sah das anders: »So viele von uns fühlen sich häufig in der spirituellen Wildnis dieser gewalttätigen Welt verloren; hier ist eine Platte, die helfen kann, diesen besonderen Schmerz zu heilen. [...] Die Titel hüllen den Hörer wahrhaft in eine große warme Umarmung aus Trost, sanftem Mut, Ernsthaftigkeit, Jubelfeier, Inspiration und auserlesener reiner Freude.«[38] Auch die Fans werteten das Album deutlich positiver als viele Kritiker, die mit den religiösen Botschaften ihre Probleme hatten.

Sinéad O'Connor kritisierte die Kirchen, weil sie selbst gläubig war. »Ich war mir nicht bewusst, wie unchristlich Menschen im Namen des Christentums sein können«, sagte sie im Dezember 1992 dem Musikmagazin *Hot Press:* »Ein Christ soll jemand sein, der sich in jeder Situation selbst fragt, was Jesus Christus getan hätte – und danach handelt. Ich glaube nicht, dass Jesus Christus die Vernichtung ganzer Rassen autorisiert hätte, an der die Kirche teilhatte. Ich glaube nicht, dass Jesus Christus die Verbrennung von Hexen autorisiert hätte. Und ich glaube nicht, dass er die Verfolgung von Frauen autorisiert hätte, die abtreiben wollen. [...]

Ich bin der Überzeugung, dass die Kirche Abtreibungen ganz einfach deshalb verbieten will, um ihre Macht über die Menschen zu erhalten. Ihre Macht rührt daher, dass Menschen in Angst aufwachsen. Sie wissen, dass, wenn Abtreibung wirksam unterbunden wird, Millionen von Kindern in Umstände geboren werden, in denen sie abgelehnt und missbraucht werden, und das ist, was sie wollen. Sie wollen Menschen durch Angst und Missbrauch kontrollieren. Aber was sie tun, ist anti-christlich, weil genau das, was Gott uns gegeben hat, um Menschen zu sein, Wahlfreiheit ist – der freie Wille, das Recht, deine eigene Bestimmung zu wählen.« Ihre pessimistische Schlussfolgerung: »Ich glaube nicht, dass wir an Gott glauben.«[39]

Künstlerinnen und Künstler können häufig nur deshalb so kreativ sein, weil sie besonders sensibel sind. Das heißt aber auch: empfindlich und verletzlich. Sinéad O'Connor war nicht nur verletzlich, sie war verletzt, und ihre Musik hat anderen geholfen, die verletzt waren. Dass sie dabei selbst Gefühle verletzte, gehört zum kritischen und provokanten Charakter von Kunst, die das Unvollkommene anprangert und Visionen des Besseren entwickelt. Für Sinéad O'Connor lag die Kernbotschaft des christlichen Glaubens darin, dass er den Schwachen und den Ausgestoßenen eine Perspektive der Hoffnung bot – verbunden mit der Bestrafung der Herrschenden und der Mächtigen. Und Machtausübung war für sie besonders verwerflich, wenn sie damit einherging, dass die religiöse Botschaft in ihr Gegenteil verkehrt wurde.

V. E.

9.

Warum gibt's Kriege und Hunger?

INTERVIEW MIT GOTT

von Udo Lindenberg

Genre: Deutsch-Rock

Komposition/Text: Henning Gehrke / Udo Lindenberg

Interpret: Udo Lindenberg

Erscheinungsdatum: 2008 auf dem Album *Stark wie Zwei* (Warner)

Auszeichnungen (Album): Platin; vier Wochen Nr. 1 in den Charts

Ein Interview mit dem Papst ist ja vielleicht denkbar. Aber ein Interview mit Gott?!? Es bedarf der grenzenlosen Fantasie des Udo Lindenberg, um sich auszumalen, wie so ein Interview verlaufen könnte. Weltweite Aufmerksamkeit wäre solch einem Interview sicher. Im Lied *Interview mit Gott* schildert er, wie er es sich vorstellt. Das Interview würde sich den Gesetzen der Medienwelt anpassen müssen und von Werbespots unterbrochen werden. Aber es würde natürlich auf dem besten Sendeplatz laufen und somit hohe Werbeeinnahmen garantieren.

Aber wie beginnen? Von Small Talk hält Lindenberg nicht viel. Im Straßen-Slang steigt er direkt und konfrontativ ein. Kein ehrerbietiges Vorgeplänkel, nein, die erste Frage sitzt und zeigt Lindenbergs Empörung: »Wieso lässt du uns so hängen?« Bevor Gott sagen könnte: »Stimmt doch gar nicht«, führt Lindenberg seine Theorie weiter aus: Wäre Gott wirklich lieb, würde er doch keine Kriege zulassen!? Er könnte doch eingreifen, müsse nur seine himmlischen Heerscharen aktivieren und sie in die Kriegs- und Hungergebiete der Welt schicken.

Lindenberg wirft Gott noch mehr vor: Warum er denn keine Engel runterschickt in die Hungersnöte dieser Welt, wo Menschen sterben?!

Eine zynische Spitze folgt: Vielleicht sieht Gott gar nicht dorthin, wo das Elend am größten ist?

Gott antwortet und bedient sich der Lindenberg'schen schnoddrigen Ausdrucksweise. Der Job als Gott sei »ziemlich hart«. Dann erklärt er, weshalb er nicht zuständig sei für die Kriege. Sein Gedankengang: Gott habe die Welt schön erschaffen. Doch die Menschen haben nichts Besseres zu tun gehabt, als sie mit Waffen vollzuknallen. Gott ist also enttäuscht. Eine paradiesische Welt hatte er erschaffen – nicht aus Selbstzweck, sondern quasi als Geschenk für die Menschen. Eigentlich hätten sie sie bewahren sollen – so wie es auf den ersten Seiten der Bibel steht. Doch die Freiheit, die Gott den Menschen verliehen hat, nutzen sie nicht, um die Schöpfung zu bewahren, für Gerechtigkeit zu sorgen und Nächstenliebe zu üben. Im Gegenteil: Die Menschen setzen auf Gewalt und auf Waffen, um sich einen besonderen Platz in der Welt zu erkämpfen.

Das Schlimme: Sie hätten wissen können, was ihr Verhalten bewirkt. Gott habe ihnen schließlich seine »besten Top-Berater« geschickt. Lindenberg zählt sie auf: Jesus gehört dazu, Mahatma Gandhi, Albert Einstein und der Papst. Deren Beispiel hätte aber letztlich nichts bewirkt, bedauert Gott und gibt dem Interviewer ungeduldig Paroli: Die Menschen seien »Idioten«, die sich zwar als gottgläubig und als Christen bezeichnen, dennoch Kriege entfachen und den Tod von Millionen Menschen in Kauf nehmen.

Gott wirft den Menschen vor, dass sie an Kirche und Religion festhalten? Das klingt zunächst schräg. Doch der Gedanke birgt theologische Tiefe und geschichtliche Erkenntnis. Die Gewalt, zu der Kirchen- und Religionsvertreter aufgestachelt haben, ist beschämend. Oft war der Glaube die treibende Kraft, um Kriege anzuzetteln oder zu Kreuzzügen oder ethnischen Säuberungen aufzurufen. Eine Blutspur religiös motivierter Kriege durchzieht die Weltgeschichte. In dem Song *Wozu sind Kriege da?* hatte Lindenberg auf diesen Zusammenhang bereits hingewiesen: Der Streit um die Frage nach der wahren Religion habe viele Kriege verursacht. Dass Gott sich darüber mokiert, die Menschen würden an Religionen »kleben« – das erinnert an eine Erkenntnis von Dietrich Bonhoeffer: »Jesus ruft nicht zur Religion. Jesus ruft zum Leben.« Es geht also um die Beziehung jedes einzelnen Menschen zu Gott, nicht um die Zugehörigkeit zu einer institutionalisierten Form des Glaubens, die womöglich noch die alleinige religiöse Wahrheit für sich in Anspruch nimmt. »Jesus rief zum Glauben. Was kam, war die Kirche«: Auch diese desillusionierende Einsicht kursiert seit hundert Jahren durch die Christenheit.

Das Lindenberg'sche Interview mit Gott geht weiter. Am Ende lehnt Gott alle Verantwortungsverschiebungen rigoros ab. Es gehe ja nicht, dass der Mensch in Notsituationen, die er selbst verursacht hat, Gottes Einschreiten fordert. Die Menschen sollten sich gefälligst selbst um den Planeten Erde kümmern, meint Gott. Er sei nicht haftbar dafür zu machen, was die Menschen mit seiner Schöpfung angestellt haben. Sie müssen selbst für Frieden und Gerechtigkeit sorgen. Gott lässt sich nicht als Sündenbock hinstellen. Nachdem er diese Botschaft abgeliefert hat, verabschiedet sich »seine Herrlichkeit« mit einem schmissigen »tschüss«, ohne den Interviewer noch mal zu Wort kommen zu lassen.

Ist Lindenbergs Song despektierlich? Gotteslästerlich? Fromm? Unfromm? Vor allem ist er leidenschaftlich. Fern von jedem »Kirchensprech« kommt der Song daher. Und doch trifft er das, was viele Prediger mit vornehmen Worten und ohne den Gläubigen auf den Schlips zu treten, auch sagen wollen: Die Menschen nutzen die Freiheit, die Gott ihnen geschenkt hat, nicht zum Wohl der Welt. Der Glaube trägt keine Früchte. Lindenberg spricht das verständlich und wohltuend »religiously incorrect« aus.

Wer sich darüber wundert, dass Lindenberg sich an Gott heranwagt, weiß nicht: Er ist in evangelischem Umfeld aufgewachsen. 1955 standen um das Taufbecken der evangelischen Kirche im westfälischen Gronau herum die vier Kinder des alkoholkranken Klempners Gustav Lindenberg und seiner Frau Hermine: Erich, die Zwillingsschwestern Erika und Inge – und Udo, gerade mal neun Jahre alt, im schicken Anzug mit kurzer Hose. In den Kirchenbänken kicherten einige Spielkameraden. Die Oma – »strenggläubig« – hingegen war selig. Ihr inniger Wunsch ging Erfüllung. Ihre Enkelkinder wurden endlich getauft. Auch Udo war irgendwie beruhigt: »Ich war mir nicht sicher, ob es den alten Mann mit dem weißen Bart, der alles sieht und alles hört und alles kann, nicht doch irgendwo auf Wolke sieben gab. Außerdem war ich zufrieden, nun wie alle anderen ein Christenmensch zu sein.«

Vorher sei er »ungefähr das einzige Heidenkind an der Dinkel« gewesen, erzählte Udo Lindenberg später in seiner Autobiografie[40]. Warum? Sein Vater »Gustav sparte die Kirchensteuer«; als »echter Freigeist« habe er der Katholischen Kirche den Rücken zugewandt. Bruder Erich vermutete, »dass es wegen der Nazis war, die nur einen Gott kannten, ihren Adolf«. Fest steht: Oma Lindenberg war empört. »Sie wollte nicht sterben, bevor ihre Enkel getauft wurden.« Zumal Udo ja schon gerne den evangelischen Kindergarten besuchte und dort Grundlagen des christlichen Glaubens vermittelt bekommen hatte. Nun machte er sogar bei den Gronauer Pfadfindern mit – Wölfling Udo war der jüngste. Der Konfirmationsunterricht folgte; an die Konfirmation kann er sich heute jedoch nicht mehr erinnern: »Ich fand das alles langweilig.«

Seine Sehnsucht nach Leben und Selbstverwirklichung hat Lindenberg in seinem Elternhaus, in der Kirche, ja in ganz Gronau nicht stillen können. Er sehnte sich nach mehr, nach Freiheit. Seine Suche begann. Von den Büchern Hermann Hesses war er begeistert. Schnell entdeckte er seine Liebe für Musik, wurde der jüngste Jazz-Schlagzeuger der Region, trommelte mit Größen wie Klaus Doldinger. Mit der Musik begann jedoch auch seine Alkohol-»Karriere«. Er zog nach Hamburg, sein Ziel: Rockstar werden. Weder das Trinken noch die vielen Frauen, die er traf, befriedigten seine echte Leidenschaft: mit Musik das auszudrücken, was ihm am Herzen liegt.

Mit nahezu missionarischem Eifer will Lindenberg Menschen aus der Lethargie zurück ins pralle Leben führen. Dazu nutzt er die deutsche Sprache – aber ganz anders als die Schlagersänger der Herz-Schmerz-Hitparaden-Fraktion. Lindenberg will ehrliche Texte schreiben. Wie einst Martin Luther schaut er dem Volk aufs Maul – und spricht, singt in der Sprache des Volkes. *Alles klar auf der Andrea Doria* ist eine so liebevolle wie derbe Schilderung der Gestalten, die sich in einer Hamburger Kneipe treffen. 1973 wird er auf einen Schlag berühmt. Mit Selbstironie und größter Sprachkreativität tritt er auf die Bühne, beschreibt sich als gottgesandten, neuen Messias namens »Jeremias«, der nicht recht weiß, wie er seine Aufgabe nun ausführen soll. Seine Art zu singen, begeistert immer mehr Menschen.

»Panik« steht auf seiner Gürtelschnalle, seine Band heißt »Panikorchester« – aber eigentlich lautet Lindenbergs Botschaft: »Keine Panik!« Seine Liaison mit »Lady Whisky« und »Woddy Wodka« führt ihn in Abgründe – seinen Lebensmut bricht sie aber nicht. 1988 beschreibt er sich als »pessimistisch oft im Denken, optimistisch in der Tat« – und gesteht: »Ganz rührend finde ich den Ausspruch von Martin Luther: Selbst, wenn morgen nichts mehr ginge, würde ich heute noch ein Apfelbäumchen pflanzen. Es gibt keine Alternative zum Optimismus für mich. Die Alternative ist Resignation, Sodom und Gomorrha. Das können wir nicht verantworten, uns selber gegenüber nicht und allen Generationen, die nach uns kommen.«[41] Den US-Baptistenprediger und Bürgerrechtler Martin Luther King zählt er zu seinen Vorbildern.

Ab und zu verarbeitet er Glaubensthemen in seinen Songs. 1984 ein freches Lied über Nonnen. Die Katholische Kirche intervenierte bei Radiostationen. Zwei Franziskanerinnen suchten das Gespräch und luden Lindenberg zu sich ein. »Die haben mir gleich ein paar Sachen erzählt, die ich noch nicht bedacht hatte«, erzählte er danach und lobte die »freundschaftliche Atmosphäre«. »Ich hab' den Mädels gesagt: Wenn mal wieder große Friedensdemos sind, dann müsst ihr doch eigentlich ganz vorne in der ersten Reihe mit dabei sein!«[42] Eine Folge des Klosterbesuchs: Lindenberg entschärfte den Text seines Songs.

Eher unbekannt ist seine Vertonung des biblischen Hoheliedes (*Salomon,* 1995), mit lasziv dahinplätschernder Jazz-Melodie und einem Chor, der sogar hebräisch singt. Der Paniker bleibt ganz beim biblischen Text: »Die Liebe ist stark wie der Tod.«

In einem unveröffentlichten Text (*Wenn nichts passiert*[43]) wünscht er sich, dass Jesus heute geboren wird. Wenn das nicht geschehe, würde die Kirche zugrunde gehen, weil sie nur noch aus »Scheinchristen« bestehe. Lindenbergs Analyse der Christenheit würden viele Fromme teilen. Mit dem Lied *Horizont* verarbeitet er 1986 seine Trauer um eine nahe Freundin, die verstorben war. Dass mit dem Tod alles aus sein soll, kann er nicht glauben. Die Zeile »hinterm Horizont geht's weiter« ist mittlerweile als geflügeltes Wort in die Umgangssprache eingegangen. Von vielen wird es als tröstlich empfunden. Auf Trauerfeiern ist es eines der am häufigsten gewünschten Lieder.

2006 bringt einen tiefen Bruch in Lindenbergs Leben. Sein Bruder Erich, mit dem er freundschaftlich eng verbunden war, stirbt unerwartet. Der Tod wirft Udo aus der Bahn. Der Erfolg war ausgeblieben in den letzten Jahren, der Raubbau am eigenen Körper zeigte Folgen. Doch nun will er noch mal »sein Ding machen«. Er besiegt den Alkohol und setzt an zum sagenhaften Comeback. Es gelingt. Wie ein Phönix steigt Lindenberg aus der Asche auf. In dieser Zeit entsteht auch das *Interview mit Gott.*

Seine Kreativität zeigt er nicht nur als Musiker, sondern auch als Maler. Sein Markenzeichen: flink gezeichnete Figuren, mal lustig, mal derb und auch schon mal mit Eierlikör koloriert. Zu seinen bekanntesten Werken gehört ein Bildzyklus über die Zehn Gebote, der bei Katholikentagen und in Kirchenausstellungen zigtausende Menschen an das Thema heranführte.

Die Sache mit Gott lässt ihn nicht los. In manchen Liedern weiß man nicht: Geht es da um Liebe zwischen Menschen – oder ist Gott gemeint, der Menschen wie ein Schatten durch die schweren Zeiten trägt? Ein anderer Song beschreibt den Abschied von einem geliebten sterbenden Menschen. *Wenn du gehst* heißt er und schildert sehr emotional den Übergang vom irdischen Leben ins Jenseits. An der »Nebelwand« nehme »ein anderer« den Sterbenden an die Hand. Udo Lindenberg ist sich auch sicher, dass seine verstorbenen Eltern »da oben«, über den Wolken, auf seinen Konzerten bei ihm sind.

Gegenüber dem *Hamburger Abendblatt* outete sich Lindenberg 2015 als religiöser »Freiglauber«: »Wenn es sowohl die eine wie auch die andere Möglich- (oder auch Unmöglichkeit) gibt, freunde ich mich mit der mir angenehmeren Version an. Also glaube ich«. Hinterm Horizont wird Oma Lindenberg sich freuen auf ihren Enkel. Und Gott? Ob er dort, hinterm Horizont, wohl mehr Zeit finden wird, die noch offenen Fragen zu beantworten? Bis dahin ist er bei den Menschen »wie eine superschöne Melodie«, die die Menschen nach Hause trägt.

U.B.

10.

Die Gerechtigkeit Gottes und der Menschen: KARMA UND ANDERE SONGS von Taylor Swift

Genre: Pop

Komposition/Text: Taylor Swift / Jack Antonoff / Sounwave / Jahaan Sweet / KeanuBeats

Interpretin: Taylor Swift

Erscheinungsdatum: *Karma* 2023 auf dem Album *Midnights* (Republic); weitere Songs 2007 bis 2023 auf verschiedenen Alben

Auszeichnungen: *Karma:* 2x Nr. 1 in den US-Charts; 7x Platin, 5x Gold; 3 Grammy-Nominierungen. Insgesamt bis Mitte 2024 212 Hot-100-Chartplatzierungen und 12 Nummer-eins-Alben (beides Rekord); 40 Grammys und andere Musikpreise (der bisherige Rekordhalter Michael Jackson kam auf 26); 4x Global Recording Artist of the Year; Person of the Year der Time; Nr. 5 bei den 100 Most Powerful Women von Forbes u. v. a.

Taylor Swift hat ein Meeting mit ihren Eltern und einigen Beratern. Ihr Vater und ihre Berater raten ihr, sich aus Religion und Politik herauszuhalten, auch, weil sie sich um ihre Sicherheit sorgen. Auch Mick Jagger würde es tun (was nicht stimmt). Aber dann kann sie nicht mehr an sich halten. Und sie bricht in Tränen aus: »Es ist wirklich eine große Sache für mich.« Es geht um Marsha Blackburn, die ultrakonservative Senatorin aus Taylor Swifts Heimatstaat Tennessee. Taylor Swift empört sich, dass Blackburn gegen faire Löhne für Frauen gestimmt hat, dass sie Gesetze gegen Stalking und Gewalt gegen Frauen blockiert, dass sie für die Diskriminierung Homosexueller eintritt: »Es geht um wirklich grundlegende Menschenrechte, und es geht an diesem Punkt um richtig und falsch, und ich kann keinen weiteren Werbespot mehr sehen, in dem sie diese Politik mit den Worten ›christliche Werte aus Tennessee‹ tarnt.« Und Taylor Swift fährt fort, mit tränenerstickter Stimme: »Das sind keine christlichen Werte von Tennessee. Ich lebe in Tennessee. Ich bin eine Christin. Das ist nicht das, wofür wir stehen.«[44]

Taylor Swift stammt aus einer presbyterianischen Familie, war aber wohl mehr durch die katholische Vorschule geprägt, die von Franziskanerinnen geleitet wurde, und hatte auch einmal gesagt, dass »auch sie« unter dem katholischen Schuldkomplex leiden würde. Gleichwohl hat sie sich, wie Madonna, frei gemacht von allen Verklemmungen und ihre

Sexualität ausgelebt. Und Madonna sieht in Taylor, mit der sie zusammen performt hat, eine Schwester im Geiste: »Sie hat eine Meinung, und sie verhält sich gegen die Norm. In dieser Hinsicht ist sie mir ähnlich.«[45]

Ihren Glauben hat Taylor Swift nie verloren, obwohl sie mitunter gezweifelt hat. Als Zwölfjährige hatte sie die Terroranschläge vom 11. September 2001 auf das World Trade Center mit der Theodizee-Frage verknüpft, als sie das Lied *Didn't They* aufnahm, das der Öffentlichkeit allerdings nur als geleakte Demo-Version bekannt wurde.[46] Sie singt darin von drei islamistischen Männern, die am 11. September 2001 im Flugzeug den Gang entlanggingen und entschlossen waren, für ihren Gott den Märtyrertod zu sterben. Und Taylor singt, dass das »ulkig« sei, weil ihr Gott – nämlich Jesus Christus – für sie gestorben war. Im Refrain stellt sie die Frage nach der Gerechtigkeit Gottes, ganz im Stil eines davidischen Psalms. Sechsmal fragt sie Gott, in anklagendem Ton, wie Hiob, warum er diesen Terroranschlag zugelassen hat. Sie fragt, wo er war und warum er nicht eingegriffen hat. Sie fragt, ob es einen verborgenen Grund dafür gegeben hat? Ob die Opfer nicht ausreichend gebetet hatten? Sie fragt, aber sie hat ihren Glauben nicht verloren. Nur ein Stück Hoffnung. Das Lied endet damit, dass das Mädchen sein alltägliches Leben weiterführt. Und dabei ein Kreuz trägt. Und für jeden einzelnen Tag dankbar ist, der ihm und der Welt gewährt wird.

Ein unglaublich reifes Lied für eine Zwölfjährige, vorgetragen mit fester Stimme. Der Song ist nie veröffentlicht worden. Er war ihrem Vater wahrscheinlich zu religiös. Und zu politisch. Aber Taylor hat damit bereits in jungen Jahren ihr außergewöhnliches Songwriting-Talent offenbart. Das

Theodizee-Problem hat Taylor Swift nicht verlassen. Als ihre Mutter im Januar 2020 an einem Gehirntumor erkrankte, schrieb sie das Lied *Soon You'll Get Better.* Sie singt darin, dass verzweifelte Menschen zum Glauben finden und dass sie deshalb jetzt auch zu Jesus betet. Der Glauben als letzte Hoffnung in der Not? Ein instrumentelles Verhältnis zu Gott, den man erst anruft, wenn man ein unlösbares Problem hat? In *Our Song* klingt der Refrain ähnlich, wenn sie zu Gott betet, ob er die Zeit zurückdrehen könnte, um die verpasste Gelegenheit zu einem Kuss nachzuholen.

Genau umgekehrt fragt sie sich drei Jahre später im Song *Bigger Than the Whole Sky,* ob die Protagonistin mit einer Fehlgeburt gestraft worden ist, weil sie vielleicht nicht genug gebetet hatte. Sie fragt nach dem Grund für das Unglück, das ein Leben verhindert hat. War es ein Zufall, der berühmte Schmetterlingseffekt der Chaostheorie (im Song der Flügelschlag eines Vogels über Asien)? Oder war es die Strafe Gottes, weil sie nicht fromm genug war? – Kindern, die streng religiös erzogen werden, wird oft vermittelt, dass Gott diejenigen belohnt, die eifrig beten. Und dass er diejenigen straft, die nicht fromm genug sind. Das ist der Schuldkomplex, unter dem Taylor Swift – wie auch ihre Kollegin Madonna – leidet: Bin ich schuld an meinem Unglück, weil ich nicht genug gebetet habe? Und hilft es zu beten, um die Krankheit eines geliebten Menschen zu heilen? Und was ist mit denen, die schuldlos leiden oder sterben?

Und dann kommt auch noch die Sünde ins Spiel. In *Style* singt sie von einem sexuellen Abenteuer, von dem sie weiß, dass es unmoralisch ist. Sie fragt sich allerdings, wie es enden wird, in den Flammen der Hölle oder im Paradies? Sie weiß, dass die christliche Religion in dieser Frage ambivalent ist. Das Alte Testament ist voller Geschichten, die sexuelle Ausschweifungen und Untreue verurteilen. Ehebruch galt als schweres Verbrechen. Und Jesus sah Ehebruch bereits in bloßem Verlangen (Matthäus 5,27–30), was ihn aber nicht daran hinderte, eine überführte Ehebrecherin vor der Steinigung zu bewahren (Johannes 7,53–8,11). Auf der anderen Seite feiert das Hohelied Salomos die erotische Liebe mit eindeutigen Metaphern. Diese Ambivalenz spiegelt sich in der Sängerin wider. Ihre presbyterianisch-katholische Frömmigkeit hält sie nicht davon ab, sich in einem sexy Outfit zu zeigen.

Der Geist ist willig, doch das Fleisch ist schwach. *Would've, Could've, Should've* aus dem Jahr 2022 wird von vielen Fans und Kritikern als ein Rückblick auf ihre Affäre interpretiert, die sie als 19-Jährige mit einem deutlich älteren Mann hatte. Der wusch, wie es in dem Song heißt, wie Pontius Pilatus seine Hände in Unschuld, als er die (nach US-amerikanischem Recht) Minderjährige verführte. Dass sie zu beten gelernt hatte, hatte sie nicht vor der Verführung bewahrt. Das fromme Mädchen hat sich mit dem Teufel eingelassen und an ihrer Frömmigkeit gezweifelt. Aber sie ruft auch Gott als Zeugen dafür an, dass sie sich bei dem Verlust ihrer Unschuld trotz des Schmerzes im Himmel wähnte. Das ist der Konflikt zwischen Sex und Moral, der sich immer wieder bei streng religiös erzogenen Pop- und Rocksängerinnen findet. Die Lust siegt, das schlechte Gewissen bleibt.

Aber Glauben ist mehr als konservative Sexualmoral. Im Jahr 2007 kritisierte Taylor Swift mit ihrem Song *Christmas Must Be Something More* die Oberflächlichkeit und die Kommerzialisierung des Weihnachtsfests, die dessen ursprüngliche spirituelle Bedeutung verschütteten. Sie ermahnt die Menschen, dass Weihnachten ein besonderer Tag ist, der für etwas Heiliges und nicht für Oberflächliches steht. Sie erinnert uns daran, dass es ein Tag für Jesus Christus ist, der unsere Leben rettete.

Entgegen allen Warnungen ihres Vaters hat Taylor Swift mit ihren Songs also doch immer wieder religiöse Fragen angesprochen, die sie berührten. Und in jenem Gespräch mit ihrem Vater und ihren Beratern hat sie darauf gepocht, dass sie Christin ist und dass sie einen Standpunkt hat. Scheinheiligkeit kann sie als Christin ebenso wenig akzeptieren wie Ungerechtigkeit. Ihr Glaube an Jesus, der sich für die Schwachen eingesetzt hatte, lässt auch sie Partei nehmen für die Verletzlichen. In *Never Grow Up* singt sie von einer Mutter, die sich wünscht, dass ihr Kind nie erwachsen wird, damit sie es vor Verletzungen schützen kann, die ihm die widrige Welt zwangsläufig zufügen wird. Der Song *Mean* ist ein Trost für diejenigen, die auf Schulhöfen dem Mobbing zum Opfer fallen. Mit Bitterkeit schildert sie, wie sie mit Worten vernichtet und mit ihren Schwächen bloßgestellt wird, und sie fragt sich, warum Menschen derart gemein sein können. Am Ende tröstet sie ihre Zuhörer und Zuhörerinnen damit, dass die Gerechtigkeit obsiegen wird, wenn auch erst im Erwachsenenalter.

In *Shake It Off* zeigt sie sich selbstbewusst als neues Rollenmodell für junge Frauen, die sich ihre Freiheit nehmen und sich nicht um Hass und Lügen kümmern. Sie steht in dem Song zu ihrer sexuellen Freizügigkeit, mit der sie nicht aufhören kann. Spieler, Hater, Herzensbrecher, Lügner werden fortfahren zu spielen, zu hassen, Herzen zu brechen und zu lügen. Aber sie schüttelt es einfach ab.

Taylor Swift konnte selbst Gnade walten lassen. Nachdem Kanye West sie bei der Vergabe der Video Music Awards 2009 öffentlich gedemütigt hatte, billigte sie ihm mit dem Lied *Innocent* zu, immer noch unschuldig zu sein und seine Balance, die er verloren hatte, zurückzugewinnen. Menschen können sich ändern, singt sie, und es ist dafür nie zu spät. Für den katholischen Theologen Stephen Bullivant ist dieses Lied eine »Meditation über christliche Vergebung«.[47]

Aber dann hat sie im Jahr 2022 auf dem *Midnights*-Album den Song *Karma* veröffentlicht. Ist sie unter die Hindus oder Buddhisten gegangen? Mitnichten. Das Wort *Karma* hat sich im amerikanischen Volksmund zu einer Chiffre für eine höhere Gerechtigkeit entwickelt, und so verwendet Taylor Swift das Wort auch. »Instant karma« bedeutet im Amerikanischen so viel wie »kleine Sünden bestraft der liebe Gott sofort«. Der Song ist eine Abrechnung mit ihren Gegnern, insbesondere dem Unternehmer Scooter Brown, der die Masterbänder ihrer frühen Songs gekauft hatte, ohne sie zu fragen. Ohne einen Namen zu nennen, porträtiert sie ihn als geldgierig und »süchtig nach Betrug«. Sie fragt ihn, ob er nicht wisse, dass es andere, höhere Werte als Geld gebe. Das Karma sei jedoch »süß wie Gerechtigkeit«. Es sorge dafür, dass die bösen Taten irgendwann auf einen zurückfallen, während sie, die Gerechte, darauf vertraut, dass das Karma sie beschützt. Trotz der vielen Tränen, die sie geweint hat, hat sie die Kraft zu bleiben, während ihre Gegner vergehen. Das Karma ist ihr Freund, das Karma sorgt dafür, dass sie alle Angriffe mit Gelassenheit ertragen kann. Und schließlich singt sie, dass Karma, die ausgleichende Gerechtigkeit, ein Gott ist.

Und damit ist sie wieder beim christlichen Glauben. Im Alten und auch im Neuen Testament gibt es an vielen Stellen einen Tun-Ergehen-Zusammenhang, beispielsweise im Buch der Sprüche: »Die Gerechtigkeit des Aufrechten macht seinen Weg eben; aber der Frevler kommt durch seinen Frevel zu Fall.« (Sprüche 11,5) Auch wenn dies insbesondere in der deutschsprachigen Theologie inzwischen differenziert gesehen wird, ist die Idee der göttlichen Vergeltung (retribution) im englischsprachigen Christentum noch weitverbreitet. Und Taylor Swift verwendet in dem Musikvideo zu *Karma,* bei dem sie selbst Regie geführt hat, Bilder aus der christlichen Ikonografie: Engel, die die Himmelstreppe emporschreiten, und ein riesiger Kopf über den Wolken – ein traditionelles Gottesbild, das auf 2. Chronik 5,13–14 zurückgeht. Die Ikonografie macht klar: Karma ist nur eine modische Worthülse – die Gerechtigkeit, die Taylor Swift damit meint, ist die Gerechtigkeit des christlichen Gottes.

Aber es geht ihr nicht nur um Gerechtigkeit für sich selbst, sie kämpft auch für Gerechtigkeit für andere. In dem Song *You Need to Calm Down* nimmt sie Partei für die LGBTQIA+-Gemeinschaft, die in dem dazugehörigen Video durch ein geradezu unglaubliches Staraufgebot vertreten ist. *The Man* thematisiert, dass Frauen es schwerer haben, Karriere zu machen. Das waren alles bereits Songs, die gesellschaftliche und damit auch politische Themen aufgriffen. Im Jahr 2020 war Taylor Swift so weit, einen Song zu veröffentlichen, der die Jugend aufruft, sich politisch zu engagieren, um den Zusammenhang zwischen Amokläufen an Schulen, der Präsidentschaft von Donald Trump und der Herrschaft der Selbstgerechten aufzubrechen: *Only the Young.*

Sie nennt den Namen Trump nicht, aber allen ist klar, wer mit dem »großen schlechten Mann und seinem großen schlechten Clan« gemeint ist. Trump und seine Republikaner lügen und manipulieren, sie behaupten voller Scheinheiligkeit, dass sie recht haben, während das Gegenteil der Fall ist. Sie besudeln sogar ihre Hände mit Blut, sie helfen nicht den Hilfsbedürftigen, sondern nur sich selbst. Und wenn das so ist, dann muss die Jugend die Dinge selbst in die Hand nehmen. Die Jungen müssen sich engagieren und ihre Trägheit und ihre Ausreden überwinden.

Bei Taylor Swift ist das ein Dreischritt – vom Glauben über Werte bis hin zum politischen Handeln: Ihr Glaube ist die Basis für ihre Werte, insbesondere für Gerechtigkeit, Toleranz und Solidarität mit den Verletzlichen. Und das Eintreten für diese Werte führt dazu, dass sie die Menschen, insbesondere die jungen, dazu aufruft, sich politisch zu engagieren, um die Welt ein bisschen besser zu machen. Christlicher Glaube heißt für Taylor Swift, wie für viele andere Musikerinnen und Musiker, sich für die Schwachen zu engagieren und gegen die ungerechten gesellschaftlichen und politischen Verhältnisse anzugehen.

V. E.

11.

»Ich glaube nicht, dass Gott tot ist«: **GOD IS DEAD?** von Black Sabbath

Genre: Doom-Metal

Komposition/Text: Geezer Butler / Tony Iommi / Ozzy Osbourne

Interpreten: Black Sabbath

Erscheinungsdatum: 2013 auf dem Album *13* (Vertigo/Republic)

Auszeichnungen: Grammy Award; Planet Rock Award Best British Single

Erstaunlich, welche Band einen Rocksong über die Theodizee-Frage gemacht hat. Black Sabbath – das klingt nach schwarzer Messe, Okkultismus, Satanismus. Und der Song *God Is Dead?* scheint den Eindruck zu bestätigen, dass die Band dem Glauben an Gott nichts abgewinnen kann.

Der Song beginnt mit Versatzstücken, die aus Schauerromanen stammen könnten. Der Sänger ist verloren in der Dunkelheit. Da ist Mord in seinen Gedanken. Das Licht verlässt ihn, und er beginnt zu verblassen. Wie ein Vampir erhebt er sich aus seinem Grab, aber nichts als Verdammnis erwartet ihn. Noch weiß er vom Glauben seines Vaters, seines Bruders, seines Schöpfers und Retters, aber vergeblich. Die Stimmen in seinem Kopf fragen, ob Gott wirklich lebt oder ob er bereits tot ist.

Die Aussage »Gott ist tot« stammt von Friedrich Nietzsche. »Gott ist tot. Gott bleibt tot. Und wir haben ihn getötet«, lautet wohl die prägnanteste Formulierung, mit der der Philosoph ausdrückte, dass die Rationalität der Aufklärung keinen Platz mehr für den Glauben und ethische Systeme gelassen habe. Wenn Nietzsche seinen Zarathustra sagen lässt »Tot sind alle Götter!«, sind in seinen Augen sämtliche Religionen obsolet geworden. Nietzsches Porträt prangt auch auf dem Cover der Black-Sabbath-Single *God Is Dead?* – zusammen mit einem Atompilz. Und da fällt etwas auf: Es folgt ein Fragezeichen auf die Aussage »God Is Dead«. Auch Ozzy

Osbourne scheint sich gar nicht so sicher zu sein, denn in dem Text, den er singt, fragen ihn die Stimmen in seinem Kopf, ob Gott wirklich tot ist.

Bei Black Sabbath ist es auch nicht wie bei Nietzsche die Aufklärung, die Gott getötet haben könnte. Wenn Gott gestorben sein sollte, dann an der Schlechtigkeit der Welt. Und damit sind wir bei der Frage der Theodizee, zu Deutsch »Gerechtigkeit Gottes«, die der Philosoph Gottfried Wilhelm Leibniz aufgeworfen hat: Wie kann ein allmächtiger und liebevoller Gott es zulassen, dass so viele unschuldige Menschen so viel Leid ertragen müssen, während Gangsterbosse und Diktatoren ein feistes Leben führen? Ist Gott gar nicht allmächtig? Ist er nicht liebevoll? Oder gibt es ihn gar nicht?

Ozzy Osbourne besingt die Schlechtigkeit der Welt mit gewaltigen poetischen Worten. Der Sänger droht, in »Flüssen des Bösen« zu versinken, weil die Welt vor Korruption, Lust, Diebstahl und Mord überquillt. In diesem Albtraum scheint es keine Zukunft mehr zu geben und keinen, dem man sein Vertrauen schenken kann. Die verzweifelte Seele ruft nach Gott.

Doch Ozzy singt auch davon, dass es Gottes Gerechtigkeit gibt – die Ungerechten werden verdammt. Und die Verdammnis ist endgültig, man kann einen toten Körper aus seinem Grab holen, nicht jedoch die Seele. Die Angst vor dem Jüngsten Gericht hält die Menschen aber nicht davon ab, sich falsch zu verhalten. Der Sänger bleibt unsicher. Ist Gott wirklich tot oder gibt es noch Hoffnung?

Eigentlich möchte er seine Philosophie, also seinen Glauben an Gott bewahren. Dafür muss er sich in den mentalen Tod begeben und die Wahrnehmung und die Gedanken ausschalten, bis Gott und Satan zu ihm kommen. Das Gute und das Böse, das Gott selbst geschaffen hat, treten stets gemeinsam auf. Der alte Widerstreit ist ein Bestandteil der Welt. Aber das Licht Gottes wird über die Finsternis siegen. Des Sängers Glaube ist noch nicht tot.

Die Apokalypse beginnt, wenn sich der Regen mit Blut vermischt, wie in der Offenbarung des Johannes (8,7) vorausgesagt. Und es gibt kein Entkommen. Der Sänger fragt sich, ob die Seelen nach dem Tode weiterleben. Und er fragt sich, ob die Bibel wahr oder nur ein Märchen ist. Ist Gott nun tot oder nicht? *Ich glaube nicht, dass Gott tot ist* lautet der Schlüsselvers des Songs. Der daran anschließende Vers *God is dead,* der zum Ausklang mehrfach wiederholt wird, könnte *Gott ist tot* bedeuten – aber in Wirklichkeit ist es nur die echoartige Wiederholung der letzten Wörter von *I don't believe that God is dead.* Trotz aller Schlechtigkeit der Welt, an der der Sänger zu verzweifeln droht – der Glaube ist unerschütterlich. Und das singt ausgerechnet die Band, die sich nach einer schwarzen Messe benennt.

God Is Dead? ist ein Lied über die Glaubensfrage, die viele Menschen bis heute quält. Wer nicht gänzlich oberflächlich lebt, stellt sich irgendwann die großen metaphysischen Fragen: Woher kommen wir? Warum sind wir hier? Wohin gehen wir? – Gläubige Menschen wissen darauf Antworten. Aber auch ihnen ist die Frage nicht fremd, warum es dennoch so viel Elend gibt. Im Song steht der Zweifel im Vordergrund, aber die Worte »Ich glaube nicht, dass Gott tot ist« widerstehen ihm.

Das Video zum Song macht es noch deutlicher. Es zeigt einen Mann im Business-Anzug, der vom Trubel des New Yorker Großstadtlebens verwirrt ist. Die Weltstadt scheint bevölkert von Kapitalisten und dekadenten Reichen, die ihren hedonistischen Lebensstil pflegen. Dazwischen werden Schlagzeilen eingeblendet, die von Katastrophen künden. Man sieht fallende Bomben, startende Raketen, feuernde Artilleriegeschütze und weinende Kinder. Angesichts des Elends auf der Welt nimmt ein junger Christ seine Kette mit dem Kreuz ab und lässt sie achtlos fallen. Ein Muslim wirft seine Takke auf den Boden, ein Jude seine Kippa. Die Gläubigen aller Religionsgemeinschaften werden von Zweifeln übermannt.

Zwischendurch sind die Musiker zu sehen. Auch der Gitarrist Tony Iommi, der, wie immer, ein großes Kreuz um den Hals trägt. Wenn Ozzy Osbourne »God is dead« singt, blitzt das Konterfei von Friedrich Nietzsche auf. Das stellt klar: Das ist nicht die Botschaft der Band, sondern ein Zitat. Gegen Ende huscht ein Lächeln über das Gesicht des Businessmanns, der seinen Aktenkoffer von sich wirft, woraufhin dieser aufspringt und Geldscheinbündel freigibt. Er hat sich frei gemacht von der Jagd nach Geld. Eine junge Frau lächelt bestätigend, nicht ohne eine Träne zu vergießen, die glitzernd zu Boden fällt und zu einem Licht wird, das erst New York und dann die ganze Welt zum Strahlen bringt. Ozzy singt dazu: »I don't believe that God is dead.« Die optimistische Botschaft des Songs ist klar. Die Schreckensbilder sind kathartisch gemeint – man muss durch den Schrecken hindurch, um ihn zu überwinden.

»Black Sabbath« war der Titel eines Horrorfilms, dessen Plakat die britischen Musiker an einem Kinoeingang hängen sahen. Sie wunderten sich, dass Leute Geld dafür ausgaben, sich zu ängstigen – und dachten, das wäre auch ein interessantes Konzept für eine Heavy-Metal-Band. Sie begannen, mit okkulten Symbolen zu spielen und Songs mit Horrormotiven zu komponieren. Aber Horror, gleich ob in Romanen, Filmen, Songs oder Bildern, ist seinem Wesen nach kathartisch. Wir ängstigen uns, damit wir unsere Ängste überwinden.

Die Plattenfirma überspannte den Bogen allerdings etwas. Das erste Albumcover war noch schlicht im Stil der »Gothic Novels«, der altenglischen Schauermärchen: eine junge Frau in schwarzem Umhang vor einem düsteren Gemäuer. Auf dem Innencover ist jedoch ein umgedrehtes Kreuz zu sehen – ein Symbol der Satanisten. Die Band war zunächst entsetzt darüber. Aber der Marketing-Trick funktionierte. Fans, die konservative Werte und den bürgerlichen Lebensstil ablehnten, fanden hier etwas, mit dem sie autoritäre Eltern, Lehrer, Pfarrer und andere Respektspersonen schockieren konnten. Für Alice Cooper, der immerhin die Ehrendoktorwürde einer christlichen Universität trägt, ist das alles ohnehin nur »Halloween«.

Wie wir von Geezer Butler wissen, hat eine satanistische Gruppe die Band einmal zu einer schwarzen Messe eingeladen – was die Musiker natürlich ablehnten. Daraufhin wurden sie von den Satanisten mit einem Fluch belegt. Von da an trugen sie bei jedem Auftritt deutlich sichtbare Kreuze an ihren Halsketten, die Ozzys Vater in einer Metallwerkstatt bastelte.[48] Das ist vielleicht eine abergläubische Reaktion, zeigt aber die tiefe Verwurzelung der Hard-Rocker in der christlichen Religion. In der Solo-Karriere, die Ozzy Osbourne zwischenzeitlich verfolgte, wurde das Kreuz sogar zu seinem Markenzeichen. Es tauchte auf mehreren Albumcovers auf und gab dem *Silver-Cross*-Album seinen Namen. Ozzy-Osbourne- und Black-Sabbath-Kreuze wurden zu gefragten

Fanartikeln. Black Sabbath hat wesentlich dazu beigetragen, dass es in der Heavy-Metal-Szene wieder cool wurde, ein Kreuz zu tragen.

Ozzys Nachfolger Ronnie James Dio hatte eine sehr persönliche Art von Religiosität. Er war als Kind von Nonnen gezüchtigt worden und entwickelte einerseits ein großes Misstrauen gegenüber religiösen Aussagen, die unehrlich waren und nicht gelebt wurden. Andererseits sagte er, dass jede Religion großartig sei, weil sie den Menschen Kraft und Glauben gibt und sie motiviert, gute Menschen zu sein. Dio zeigte sich überzeugt davon, dass Gott und der Teufel, dass Himmel und Hölle in jedem einzelnen Menschen stecken und dass wir alle die Wahl haben, Gutes oder Böses zu tun.[49] 1979 schrieb er ein Lied, das zu einem der Signature-Songs von Black Sabbath wurde. Wenn die Band *Heaven and Hell* live performte, dehnte sie das Stück schon einmal auf 13 Minuten aus – inklusive Gitarren-Soli und Mitsingen des Publikums. In der Rangliste »The Top 500 Heavy Metal Songs of All Time« steht der Song auf Platz 11. Und was singt Ronnie James Dio?

Er singt, dass der Teufel der Überbringer des Bösen und niemals ein Schöpfer ist. Aber die Welt besteht aus dem Konflikt von Himmel und Hölle, von Gut und Böse. Und das endet nie. Aber man ist nicht schon deshalb ein Sünder, weil man einen exzessiven Lebensstil pflegt. Nein, Sex and Drugs and Rock 'n' Roll sind kompatibel mit dem christlichen Glauben. Das Problem ist ein anderes. Der Sänger vermag in der modernen Welt nicht mehr zwischen Wirklichkeit und Illusion zu unterscheiden. Die Komplexität der Welt verwirrt ihn. Ihre Geschwindigkeit überfordert ihn.

Und es sind die Mächtigen, die uns manipulieren, belügen und uns die Träume stehlen, damit wir funktionieren wie Rädchen im Getriebe. Nicht einmal die Liebe kann das lösen. In einem Interview sagte Dio, dass dieses Lied für ihn eine Chance war, sich alles von der Brust zu schreiben, was er schon immer sagen wollte: »Ich habe immer gefühlt, dass ich in gewisser Hinsicht für die Jugend gesprochen habe – für Leute, die vielleicht einsam waren, auf die man herabsah, weil sie die falsche Art von Musik mögen – und, noch wichtiger, für Jugendliche, die in Bands spielen. So machte ich diese Aussage, die ich schon immer machen wollte, und die lautet: Die Welt ist voller Könige und Königinnen, die deine Augen blenden und deine Träume stehlen. Es ist Himmel und Hölle. Und das alles bedeutet: Nimm dich in Acht vor Leuten, die dich mit Versprechungen blenden. [...] Wenn du Träume hast, lass' sie dir von niemandem rauben, jene wundervollen Ideen.«[50]

Das eröffnet auch eine politische Dimension. Es sind die Mächtigen, die der Jugend die Träume stehlen und das Böse in die Welt bringen. Eine andere Antwort auf die Theodizee-Frage findet sich in der Bibel selbst – und zwar bereits im Schöpfungsbericht. Adam und Eva hätten im Paradies ein beschauliches und langweiliges Leben führen können. Aber Gott hat den Baum der Erkenntnis mitten im Paradies wachsen lassen und ihn auch noch mit verführerischen Früchten ausgestattet. Von diesem Baum zu essen, war ein Akt des freien Willens. Indem Adam und Eva das taten, wurden sie zu Subjekten, die über die Freiheit verfügten, sich für das Gute oder das Böse zu entscheiden. Gegen das Verbot Gottes zu verstoßen und von den Früchten des Baums zu essen, war die erste Rebellion der Menschheit gegen Autoritäten.

Die Willensfreiheit hat die Zivilisation und Entwicklung der Menschheit überhaupt erst hervorgebracht. Für Philosophen wie Aristoteles, Samuel von Pufendorf und Immanuel Kant begründet sie die Menschenwürde. Zugleich hat die Ambivalenz der menschlichen Natur Ethik notwendig gemacht, die Lehre von gutem, verantwortlichem Handeln. Das Gute muss sich immer wieder gegen das Böse durchsetzen, das von Macht- und Geldgier befeuert wird. Man muss durch die Hölle gehen, um zum Himmel zu kommen. Das kann man pessimistisch sehen – oder optimistisch. Der Optimist glaubt daran, dass das Gute das Böse besiegen wird, wie es im Video zu dem Song *God Is Dead?* zu sehen ist: Aus der Träne erwächst das Licht.

V. E.

12.

Die Schöpfung ist grandios – aber wir haben noch Nachholbedarf in Sachen Freundlichkeit:

EIN STÜCK VOM HIMMEL

von Herbert Grönemeyer

Genre: Deutsch-Rock

Komposition/Text, Interpret: Herbert Grönemeyer

Erscheinungsdatum: 2007 auf dem Album *12* (Grönland)

Auszeichnungen: 5x Platin, 10x Gold (Album und Live-Album); Nr. 1 der deutschen Charts; Echo für das beste Album

Herbert Arthur Wiglev Clamor Grönemeyer ist protestantisch-calvinistisch erzogen worden, bekennt sich öffentlich zu seinem Glauben an Gott, hält aber Religion für »Intimsphäre und Privatsache«. Das sagte er zumindest am 26. Januar 2015 bei seiner Rede gegen die fremden- und islamfeindliche Initiative »Patriotische Europäer gegen die Islamisierung des Abendlandes« (PEGIDA). Er wollte damit Muslime davor schützen, zu »Sündenböcken, Projektionen und Zielscheiben« gemacht zu werden.[51] Der mit Abstand erfolgreichste deutsche Musiker, der bisher deutlich über 20 Millionen Tonträger verkauft hat, tritt selbst nicht missionarisch auf und ist tolerant gegenüber anderen Religionen. Aber sein christlicher Glaube ist doch in vielen seiner Lieder zu spüren. Und es ist ein ehrlicher Glaube, der sich jede Scheinheiligkeit verbittet.

So hatte er im Jahr 1988 das Lied *Mit Gott* veröffentlicht. Hier geht es um die Scheinheiligkeit von Politikern, deren Parteien das Adjektiv »christlich« in ihrem Namen tragen, die aber eine ganz und gar nicht christliche Politik machen. Im Refrain heißt es, sie hätten Jesus in ihr Boot geholt, aber rechtzeitig wieder über Bord geworfen. Jesus mag dazu taugen, Wählerstimmen zu gewinnen, aber man entledigt sich seiner Botschaft von Toleranz, Liebe und Vergebung, wenn es ums politische Geschäft geht, wo Härte, Durchsetzungsvermögen und sogar das Paktieren mit Tyrannen gefragt sind.

Grönemeyer spricht Klartext: Es ist Blasphemie, eine unchristliche Politik in christlichem Namen zu betreiben. Macht korrumpiert das Gewissen. Und am Ende ist der Machtpolitiker von Gott verlassen und entpuppt sich als armseliger Wicht.

Herbert Grönemeyer reagierte vielleicht auch deshalb so empfindlich auf den Missbrauch der jesuanischen Botschaft und die Scheinheiligkeit, weil er selbst diese Botschaft so sehr für sich als Heilsbringer betrachtet. Was wirklich wichtig ist, wird sichtbar, wenn man einen Schicksalsschlag erlebt. Herbert Grönemeyer hatte gleich zwei Schicksalsschläge zu verkraften. Am 1. November 1998 starb sein Bruder Wilhelm an Leukämie und vier Tage später seine Frau Anna im Alter von 45 Jahren ebenfalls an einer Krebserkrankung. Herbert hatte zwanzig Jahre mit Anna zusammengelebt und zwei Kinder mit ihr in die Welt gebracht. Annas Todesanzeige enthält ein Gedicht. »Gott wird Dir seine Loge anbieten«, heißt es darin. Und dass sich ihr Mann und ihre Kinder auf das Wiedersehen mit ihr im Himmel freuen.[52]

Herbert Grönemeyer ist »wie betäubt«, wie er selbst sagt. Aber seine Kinder Felix und Marie stützen ihn. »Papa, du hörst doch jetzt nicht auf zu singen!«, befiehlt ihm die neunjährige Marie unmittelbar nach dem Tod ihrer »Mamle«. Er braucht über ein Jahr, bis er wieder »sehr zaghaft erste Gehversuche« unternehmen kann. Aber die Musik, die er schreibt, ist zu traurig. Sein Koproduzent Alex Silva hilft ihm wieder auf die Beine. Zusammen mieten sie in London einen kleinen Raum. Sie brauchen 14 Monate, um sich in »sehr langsamen Schritten« wieder vorzutasten, »Takt für Takt«. Die Lähmung spürt er noch lange: »Oft haben wir auch gar nichts gemacht, nur zusammengesessen und geraucht und gequatscht.« Und dann endlich, zweieinhalb Jahre nach dem Sterben, kommt die Energie ganz langsam wieder zurück. Grönemeyer sieht wieder »eine Ecke meiner alten Schatztruhe. Da habe ich zugepackt. Es war wie nach Hause kommen.«[53]

Und dann verarbeitet er den Tod seiner Frau, wie es ein Musiker eben tut, mit einem Lied. In dem Lied wird der Schmerz hörbar, aber noch viel mehr: das Reflektieren über das Menschsein an sich. Und deshalb heißt das Lied auch schlicht *Mensch.* Das Lied hat zwei Themen. Da ist der Verlust der geliebten Frau, der Schmerz, die Trauer. Sie fehlt ihm, aber er lernt, mit dem Schmerz zu leben. Aber über den Verlust hinweg hilft die Perspektive, die das christliche Versprechen des ewigen Lebens bietet.

Und dieses Sich-Abfinden mit dem Unausweichlichen führt zum zweiten Thema, der Reflexion über das, was der Mensch ist und was er leisten kann. Mit insgesamt 18 Verben wird das Menschsein charakterisiert: das Erinnern, aber auch das Vergessen und das Verdrängen; das Erzählen, das Schwärmen, das Träumen, das Lachen; das Irren, das Kämpfen; das Sich-Anlehnen und das Vertrauen; das Hoffen und Lieben; das Mitfühlen und das Vergeben und das Glauben. Gott wird in dem Lied nicht direkt benannt, Jesus auch nicht; aber wenn es heißt, dass der Mensch glaubt, dann kann es für den Christen Grönemeyer nur der Glauben an Gott sein. Wenn das Vergeben besungen wird, wird die Vergebung Jesu angesprochen. Und all das, was das Lied an Kraft und Hoffnung spendet, all das, was das Lied an Positivem über den Menschen aussagt, ist nichts anderes als eine Hymne an die Schöpfung und den Schöpfer.

Mensch ist Grönemeyers erfolgreichstes Lied. Sein zweiterfolgreichstes heißt *Ein Stück vom Himmel. Ein Stück vom Himmel* handelt gleich zu Beginn direkt von Gott. Und davon, wie er missbraucht wird, insbesondere zur Rechtfertigung von Krieg. Aber es handelt auch von Gottes Schöpfung. Und von der Unvollkommenheit der Menschen. Es geht gleich damit los, dass wir Gottes Namen missbrauchen, um Kriege zu führen, die wir selbst zu verantworten haben. Und dass kein Krieg gerechtfertigt ist und dass keine Religion besser ist als eine andere. Der Hintergrund war der Irakkrieg, wo der US-amerikanische Präsident George W. Bush, der sich selbst als »wiedergeborener Christ« betrachtete, einen »heiligen Krieg« gegen ein muslimisches Land zu führen glaubte. Die Bibel darf nicht missbraucht werden, um Menschen anderen Glaubens auszuschließen. Gott hat uns die Pflicht auferlegt, sich um seine Schöpfung zu kümmern, und das ist die ganze Erde. Und dann die Schlüsselaussage: Die Schöpfung ist gut, die Erde ist gut gelungen und freundlich – es sind aber wir Menschen, die aggressiv sind.

Der Refrain preist die Schöpfung. Unsere Welt ist, so der Titel des Lieds, ein Stück vom himmlischen Paradies, den Menschen im unendlichen Weltall bereitgestellt. Der Priester Christoph Kreitmeir sieht in dem *Stück vom Himmel* Anspielungen auf die Taufe Jesu, als sich der Himmel auftat und die Stimme Gottes mit den Worten zu hören war: »Du bist mein lieber Sohn, an dir habe ich Wohlgefallen.« (Markus 1,10–11)[54] Wir alle, so Grönemeyer, können auch ein Stück des Himmels sehen, also die Stimme Gottes hören. Wir alle haben von Gott einen Platz auf dieser Erde erhalten und, das singt er mit ganz modernen Worten, im ganzen Universum.

Die Menschen bilden eine Gemeinschaft. Sie können ihr Heim auf der Erde errichten, das beschirmt wird von der Schöpfung. Das Wort »Haus«, im weiteren Verlauf des Lieds auch als »Heim« bezeichnet, spielt an auf das Jesuswort bei

Johannes 14,2: »In meines Vaters Hause sind viele Wohnungen. Wenn's nicht so wäre, hätte ich dann zu euch gesagt: Ich gehe hin, euch die Stätte zu bereiten?« Gott selbst hat den Menschen ihr Heim auf der Erde zum Geschenk gemacht – und nehmt dieses Geschenk gefälligst an!

Religionen, so fährt das Lied fort, sollen uns sagen, was gut und böse, was richtig und falsch ist. Alle Religionen, das hat Grönemeyer auch in erläuternden Interviews betont, bieten einen moralischen Kompass, und das ist erst einmal positiv zu werten. Aber keine Religion kann für sich beanspruchen, die einzig wahre Lehre zu sein. Kein Gott ist besser als die anderen. Religionen dürfen deshalb nicht missbraucht werden, schon gar nicht, um Kriege zu führen.

Der zweite Refrain variiert das Thema. Das Heim, das Gott den Menschen zum Geschenk gemacht hat, zu bewohnen, ist der Sinn des Lebens und nichts anderes. Und jeder Mensch ist einzigartig. Und auf fremde Orakel und falsche Propheten sollten wir verzichten. Zu viel Glaube, fanatischer Glaube, fundamentalistischer Glaube richtet Schaden an, insbesondere dann, wenn er intolerant und aggressiv wird. Dagegen könnten wir aus der Geschichte lernen, aus den Katastrophen genauso wie aus den positiven Ereignissen.

Zum Schluss will Herbert Grönemeyer Hoffnung spenden. Milliarden Farben, die alle eine individuelle Variante der Farbe der Liebe sind, zeigen, dass sich die Menschen in ihrer Vielfalt auch einig sein können. Er singt noch einmal von dem Heim, das Gott uns bereitet hat und das wir jetzt, in unserer Gegenwart, akzeptieren sollten. Ganz schlecht sind die Menschen nicht, aber trotzdem bereiten sie sich selbst Schwierigkeiten. Es ist besser, auf Gewissheiten und Überzeugungen zu verzichten, als welche zu haben. Und wenn wir den Monopolanspruch auf die Wahrheit aufgeben, dann gibt es keinen Grund mehr, Kriege zu führen, denn die Welt bietet genug für uns alle, und es ist die Pflicht der menschlichen Gemeinschaft, diese Ressourcen gerecht zu verteilen. Und am Ende noch einmal die Kernfrage, warum wir angesichts Gottes freundlicher Schöpfung eigentlich so unfreundlich sind? Und die Antwort liegt allein bei uns. Damit endet das Lied mit der Hoffnung, dass sich die Menschheit doch noch bessern kann.

Fans, Kritiker und Theologen reagierten sehr unterschiedlich auf das Lied, das auch heute noch oft im Radio gespielt wird. Michael Pilz von der *Welt* kritisierte ein »Übermaß« an »Predigt und Kirchensound«.[55] Für Richard Kämmerlings von der *FAZ* hätte der Text dem »Brainstorming einer Reli-AG der Regenbogen-Ära« entstammen können.[56] Künstler sollen ihre Persönlichkeit und ihre Überzeugungen zum Ausdruck bringen, sie sollen sozial engagierte Botschaften verbreiten, aber für überzeugte Atheisten hört die Toleranz oft auf, wenn es sich um eine christliche Botschaft handelt, selbst dann, wenn sie mit interreligiöser Toleranz einhergeht.

Und die wiederum brachte Kirchenleute auf die Palme. Superintendent Dr. Helmut Kirschstein bemängelte, dass Grönemeyer mit seinem Lied »alle Religionen in ihrem spirituellen Anspruch auf Null fährt«. Und dann wird gleich noch mitkritisiert, dass bei Grönemeyer die Welt »grandios« und die Erde »freundlich« genannt wird, wo es doch auch Naturkatastrophen gebe, die den Menschen hart gemacht haben, weil er mit »einer oft so brutalen Natur zu kämpfen hatte« – eine erstaunlich negative Sicht eines Theologen auf die Schöpfung.[57]

Ann-Kristin Buck im evangelischen Kirchenkreis Wesermünde sieht dagegen in dem Lied einen »kleinen Aufruf zur

Weltverbesserung und zum ›sich selber prüfen‹«. Bei einigen Textstellen könne man »nicht anders als zustimmen«. Grönemeyer habe mit *Ein Stück vom Himmel* Kirche zum Thema gemacht und dazu beigetragen, dass Menschen über Gott nachdenken: »Kirche ist eine Chance auf Mitmenschlichkeit, Gemeinschaft und ein wenig Moralvermittlung, wie vor allem das ›Stück vom Himmel‹ bestätigt und auch dazu aufruft. Sie muss weder langweilig sein, noch uninteressant oder die Bibel zu schwer zu lesen, stattdessen bietet sie viel mehr als mancher denkt: Einen Teil an sich zu entdecken, dem heutzutage kaum noch jemand Raum lässt.«[58]

Und für den katholischen Theologen Christoph Kreitmeir ist *Ein Stück vom Himmel* dagegen »die moderne Übersetzung der Evangeliumsstelle von der Verklärung Jesu auf dem Berg Tabor« (Markus 9,2–10). Der Mensch ohne Offenheit zum Himmel sei schon im Mittelalter im Anschluss an Augustinus als »auf sich selbst verkrümmter Mensch« benannt worden. Selbstbezogenheit und Egoismus deformieren den Menschen so weit, dass er sogar Kriege anfängt, die er zu allem Überfluss dann auch noch mit dem Glauben legitimiert. Gern nimmt der Franziskaner Formulierungen aus Grönemeyers Lied auf, um gegenzusteuern:

»Glauben, Religion, Gotteserfahrungen sind nicht zum ›Einigeln‹ gedacht, sie wollen uns dabei helfen, ›freundlicher‹ zu werden, unseren oft so egoistischen Blick zu weiten und an der guten Gestaltung unserer Erde, unserer Welt und unseres Alltages zu arbeiten. Jesus zeigt uns heute und immer wieder den Weg der Liebe, die alles heller und schöner macht. Gott sei Dank!«[59]

V. E.

13.

Altersweise Einsichten über Gott in der Natur:

EVERY GRAIN OF SAND

von Bob Dylan

Genre: Soft-Rock

Komposition/Text, Interpret: Bob Dylan

Erscheinungsdatum: 1981 auf dem Album *Shot of Love* (Columbia)

Auszeichnungen: Nr. 10 bei 100 Greatest Bob Dylan Songs des Rolling Stone

Gott in einem Sandkorn erkennen?!? Das ist entweder im Drogenrausch möglich – oder in einer gereiften Phase des persönlichen Glaubenslebens. Von Mystikern und Mystikerinnen vieler Religionen wird berichtet, dass sie Gott in der Natur entdeckten. Bob Dylan war gerade mal 39 Jahre jung, als er solche mystischen Gedanken aufschrieb und zu einem Lied verarbeitete. Er hatte zu dem Zeitpunkt schon viele Lebenserfahrungen gesammelt – auch auf religiösem Gebiet. In einer Lebenskrise hatte der jüdisch aufgewachsene Robert Allen Zimmerman (so sein Geburtsname) Jesus als Retter erlebt. Ein Fan hatte ihm im November 1978 bei einem Konzert ein kleines Kreuz auf die Bühne geworfen. Dylan hob es auf und entdeckte es am folgenden Tag in seiner Tasche. Die Präsenz Jesu habe sein Hotelzimmer geflutet, so beschreibt er sein Bekehrungserlebnis. Er schloss sich einer pfingstlerisch-evangelikalen Gemeinde an, besuchte eine Bibelschule und schrieb fortan Lieder, in denen er die Menschen zur Umkehr zu Jesus aufforderte – das Ende sei nah und damit auch das Jüngste Gericht. Nur wer Jesus als Herrn bekenne, werde es überstehen und gerettet werden.

Aus seinen Konzerten machte Dylan – zum Erstaunen der Fans und Feuilletonisten – Missionsveranstaltungen, auf denen er minutenlang predigte. Aus dem Juden war ein missionierender Fundi-Christ geworden.

Dass diese Phase nur drei Jahre dauerte, hat einerseits mit Dylans Eigensinn zu tun: Er hatte schon viele Etiketten abgeschüttelt. Zum anderen bat ihn seine jüdische Mutter deutlich, seinen abrupten Glaubenswechsel zu überdenken. Da gebe es doch auch jüdische Reformbewegungen, mit deren Rabbis solle er doch mal reden.

Dylan war hin- und hergerissen. Unter dem Eindruck seiner religiösen Erlebnisse schrieb er schließlich 1981 das spirituelle Meisterwerk *Every Grain of Sand.* Es erschien auf der CD *Shot of Love* – ein Album, das als sein drittes Gospel-Album gilt.

Der Song ist der Höhepunkt des Albums. Er sei ihm eingegeben worden, erklärte Dylan. Entstanden ist so ein sechsminütiger modern-romantischer Dankes-Psalm, eine Art Lebensbeichte, die aus großem Gottvertrauen Hoffnung schöpft: Inmitten eines Tränenmeeres wird eine innere Stimme hörbar und »des Meisters Hand« erkennbar, und zwar in jedem Blatt und in jedem Körnchen Sand.

Wie ein Psalmbeter sieht Dylan sich als von großer Not eingezwängt und erkennt in tiefstem Grübeln Gott. Er möchte ausbrechen aus der unseligen »Ereigniskette«, die mit dem Brudermord Kains in Gang gesetzt wurde.

Nach vielen Tiefpunkten, Lebenstälern und Versuchungen erkennt Dylan: kein Grund zur Furcht. Denn er ist in der Hand des Schöpfers geborgen, jedes seiner Haare und jedes Körnchen Sand sei von Gott gezählt. Wunderschöne lyrische Bilder malt Dylan mit seinen Worten, er singt von »Blumen des Schwelgens« (»flowers of indulgence«), vom »bitteren Tanz der Einsamkeit, die sich im All verliert« (»bitter dance of loneliness fading into space«) und vom »zerbrochenen Spiegel der Unschuld« (»broken mirror of innocence«). Am Ende erkennt er, dass es auf seiner Lebensreise zwar einsame Strecken gab, doch auch die Erfahrung, dass eine höhere Macht ihn begleitete. Und er ahnt: So wie »der Meister« jedes Sandkorn kennt, so kennt er auch jeden Spatzen – und jeden Menschen.

Dylan greift hier ein biblisches Bild auf, ein Gleichnis, das dem Evangelisten Lukas zufolge von Jesus stammt: »Verkauft man nicht fünf Sperlinge für zwei Groschen? Dennoch ist vor Gott nicht einer von ihnen vergessen. Auch sind die Haare auf eurem Kopf alle gezählt. Fürchtet Euch nicht! Ihr seid kostbarer als viele Sperlinge!« (Lukas 12,6-7).

Every Grain of Sand hat nichts mehr von der Schwarz-Weiß-Malerei von Dylans ersten übereifrigen Erfahrungen als Christ. Es stellt den Menschen nicht so dar, als stehe er nur vor der Entscheidung: Gott oder Teufel. Oder als müsse er vor dem Jüngsten Gericht bibbern. Das endzeitliche Heulen und Zähneklappern ist mystischer Gelassenheit gewichen. Dylan droht nicht mehr mit einem richtenden Gott, sondern beschreibt die Erfahrung der Gnade. Dazu nutzt er keine dogmatischen Glaubenssätze, sondern die Mittel der Schönheit und der Natur.

Der Song hat so viel spirituelle Kraft, dass sich sogar bekennende Atheisten wie Alan Posener zu dem Urteil hinreißen lassen: »Dieser Song ist vollkommen.« Warum? Autor und Musiker Posener, der ein lesenswertes Buch über Dylan-Songs schrieb, macht es am Beispiel des Spatzen fest: «Ein Atheist, der nicht die Größe dieses Bildes begreift, begreift nicht einmal seinen eigenen Atheismus: begreift nicht, dass man das Paradies verloren hat, in das man aber unversehens an einer beliebigen Straßenecke geraten oder beim Hören dieses Lieds fast wieder erleben kann.«[60]

Der Song sei »wohl das Äußerste, was sich in der Popmusik erstreben lässt«, schwärmte U2-Sänger Bono[61] und verglich den Song mit einem der großen Psalmen des biblischen Königs David. Ähnlich äußerte sich auch Bruce Springsteen. Sängerin Sheryl Crow meinte, es sei »der erste religiöse Song, den ich gehört habe, der alle Religionen durchdringt. Er stellt die universellen Fragen, die alle Menschen dazu bringen, nach Gott zu suchen: Dazu gehören die Ewigkeit und der Tod.« Gemeinsam mit Emmylou Harris sang sie den Song 2003 bei der Trauerfeier Johnny Cashs.

Der Song stellt den Abschluss der sogenannten Gospeljahre Bob Dylans dar. Was denn sein Gerede von Gott und dem Teufel für einen Sinn gehabt habe, fragen ihn Journalisten immer wieder. Dylan antwortete unaufgeregt: »Das war alles Teil meiner Erfahrung. Es musste so kommen. Wenn ich mich auf etwas einlasse, dann lasse ich mich total darauf ein.«[62] Außerdem weist er von sich, dass sein Glaube etwas mit Religion zu tun habe. »Es gibt so viele Religionen. Manche Religionen sagen, dass man mehrere Male lebt. Manche Religionen sagen, man kommt wieder. In anderen Religionen sitzt man einfach da und starrt an die Wand, und man findet totalen Frieden. Na und? Jesus ist keine Religion. Ich könnte tagelang darüber reden.« Es tue ihm auch nicht leid, »den Leuten gesagt zu haben, wie ihre Seelen gerettet werden können. Wer immer das aufschnappen sollte, hat es aufgeschnappt. Aber vielleicht ist einfach die Zeit, dass ich das sagen sollte, für mich gekommen und wieder gegangen. Jetzt ist es Zeit für mich, etwas anderes zu tun. Jesus selbst hat auch nur drei Jahre lang gepredigt.« Nie verleugnete Dylan das, was er in den drei Gospeljahren erlebt und getan hat, nie widerrief er. »Ich bin neu auf den heiligen Berg gestiegen, um die verlorene Seele zu finden, die angeblich ein Teil von mir ist«, erklärte er später.

Verwunderlich, wie streng einige Dylan-Beobachter den dreijährigen Spiritualitäts-Trip Dylans beurteilten: »Nach den vielen Versuchen einer künstlerischen Neubestimmung in den siebziger Jahren erlaubte es Dylan der Glaube, sich noch einmal als grandios gesteigertes, narzisstisches Ego zu inszenieren, mit allen Kosten und Lasten«, psychologisierte etwa der Literaturwissenschaftler Wolfram Ette. »Ab 1981 folgte dann der ungeordnete Rückzug«, fügte er hinzu.[63] Der Münsteraner Theologe Knut Wenzel meinte lakonisch, Dylan sei »durch ein radikales, hocherhitztes, evangelikales, pfingstlerisches Christentum gegangen«. Dann aber sei er »hinten wieder raus« gekommen: »Dieses Jahrzehnt nach seiner christlichen Phase gilt als sein kreativ-katastrophalstes Jahrzehnt, also: Erlöst war er nicht.«[64]

Mit seinem nächsten Album ließ Dylan sich zwei Jahre Zeit. Es trägt den Titel *Infidels,* »Ungläubige«. Auf dem Cover ist nun wieder er zu sehen – mit Sonnenbrille und ungestylt. Seine Ex-Frau Sara hatte das Foto in Jerusalem aufgenommen, während der Bar-Mizwa-Feierlichkeiten für den gemeinsamen Sohn Jesse. Auf der Rückseite kniet Dylan auf einem Hügel über der »Heiligen Stadt«, im Hintergrund ist die Altstadt Jerusalems mit dem Felsendom zu sehen.

Seine Fans und Beobachter rätseln bis heute, ob Dylan nun (wieder) Jude oder (noch) Christ ist. Klar ist: Bob Dylan kennt die Geschichten der Thora wie die der Evangelien. In seine Songs ließ er Hunderte biblische Motive einfließen. Auch in seinem Buch *The Philosophy of Modern Song* gab er im Jahr 2023 viele Hinweise darauf, wie er den Glauben sieht: Er bedauert, dass sich Menschen von Gott abwenden, »weil

Religion in ihrem Leben keine Rolle mehr spielt. Sie wird als etwas dargestellt, das man mühsam aufsuchen muss – es ist Sonntag, wir müssen in die Kirche. Oder politische Spinner aus allen möglichen Ecken verwenden sie als Drohwerkzeug, um ihren Argumenten Nachdruck zu verleihen.« Früher dagegen, so erinnert er sich, »war Religion im Wasser, das wir getrunken haben, sie lag in der Luft, die wir geatmet haben. Fromme Lieder waren genauso ergreifend, wie solche über die Fleischeslust – tatsächlich bildeten sie deren Grundlage. Wunder warfen ein Licht auf menschliches Verhalten und waren nicht nur Spektakel.«[65]

Dylan wettert gegen den Mainstream in den Kirchen wie in der Musik. »Die gesäuberten Versionen des wahren Lebens« würden in der Musikbranche gefeiert – auf Kosten der Dramatik des Lebens, zu dem auch Tiefpunkte gehören: »Ohne die dynamische Anspannung, die aus dem schlechten Gewissen nach dem Saufgelage entsteht«, verkomme etwa Countrymusic »entweder zur freudlosen Proselytenmacherei oder zur hirnlosen Grölmusik«.

Auch hinter die Fassade vermeintlich frommer Songs blickt er, zum Beispiel hinter die des Lieds *My Prayer* von The Platters. Da werde ja nur für »lips close to mine« gebetet, unkt er und meint ganz selbstverständlich: »Der tollste Prayer-Song von allen ist natürlich das Vaterunser, *The Lords Prayer.*« Dann wieder schreibt er eine Meditation, die sich fast wie ein autobiografisches Psalmgebet liest: »Wir müssen uns alle der Liebe ergeben«, die »bis in die letzten Winkel der Erde« verbreitet werden soll, das sei unser Auftrag. Dabei dürfe aber nicht vergessen werden: Die weiße, Hoffnung weckende Wolke am Himmel kann sich »jederzeit in einen tosenden schwarzen Nebel verwandeln, der sich über die gesamte Welt legt.«

Schwarz und Weiß, Trauer und Freude, der liebe und der unberechenbare, auch zornige Gott: Dylan hat die Gegensätze des Lebens und des Glaubens selbst durchlitten. Mit der Weisheit seiner 81 Jahre versucht er in seinem Buch, die Welt zu deuten. Deshalb gehen seine mitunter kryptischen Passagen unter die Haut. Eines kann Dylan eben nicht: Oberflächlichkeit. Folgerichtig nennt er das biblische Buch Hiob eines »der aufregendsten und inspirierendsten des Alten oder Neuen Testaments«. Und räumt Johann Sebastian Bachs *Matthäus-Passion* einen gebührenden Platz ein.

Dylan hat seine Lektion gelernt. Übereifrige Mission ist einer melancholischen poetischen Spiritualität auf dem Fundament einer gehörigen Portion Lebensweisheit gewichen. Die Frage »Christ oder Jude?« wirkt angesichts seiner spirituellen Weite geradezu kleingeistig.

Irgendwie, so scheint es, ist Dylan aber doch Missionar geblieben; Missionar eines weiten, tröstlichen Glaubens daran, dass wir Menschen gut aufgehoben sind und getröstet werden. Um uns selbst und die Welt zu verstehen, ist Musik ein ideales Mittel – wenn wir sie nicht zerreden, sondern ins Herz lassen. Am Ende jedes Konzerts seiner 2021 begonnenen Welttournee *Rough and Rowdy Ways* spielt Dylan *Every Grain of Sand*. Das wirkt wie ein Vermächtnis und eine Verbeugung vor dem spirituellen Schatz und der tröstlichen Lebensweisheit der Bibel. Und wie ein Angebot eines altersweisen Mannes, es mit dem Glauben an Gott zu versuchen. Nicht in Kirchen – sondern beim Blick in die Natur und auf ein Sandkorn.

U. B.

14.

Unio mystica: LIKE A PRAYER von Madonna

Genre: Dance-Pop, Pop-Rock, Gospel

Komposition/Text: Patrick Leonard / Madonna

Interpretin: Madonna

Erscheinungsdatum: 1989 auf dem Album *Like a Prayer* (Sire/Warner)

Auszeichnungen: in 19 Ländern Nr. 1 der Charts; 4x Platin, 7x Gold; Nr. 3 bei The Greatest Pop Songs In History des New Musical Express; Nr. 3 bei The 500 Greatest Songs Since You Were Born des Blender Magazine; Nr. 331 bei The 500 Greatest Songs of All Time des Rolling Stone; MTV Video Music Award; MTV Most Groundbreaking Music Video of All Time; Nr. 16 bei The 100 Top Music Videos des Rolling Stone u. v. a.

In den 1980er-Jahren kamen in Nordamerika T-Shirts auf, die den Aufdruck »I Survived Catholic School« trugen – »Ich habe die katholische Schule überlebt«. So ein T-Shirt hätte auch Madonna Louise Veronica Ciccone tragen können, die streng katholisch erzogen wurde, aber schon früh gegen das Sexualfeindliche des Katholizismus rebellierte. Immer wieder fand sie Wege, den Jungs auf ihrer Schule ihre Unterwäsche zu zeigen – zum Beispiel, indem sie Handstände machte und Räder schlug. Madonna entwickelte eine für viele Katholikinnen typische Mischung aus mystizistischem Glauben und rebellischer sexueller Freizügigkeit, für die die Kombination von Kreuzkette und tiefen Ausschnitten ikonisch wurde.

Ikonisch wurde auch ihr Lied *Like a Prayer,* das nicht nur in 19 Ländern die Charts toppte, sondern dessen Video ebenfalls mit zahlreichen Preisen ausgezeichnet wurde. *Like a Prayer* ist ein gut tanzbarer Popsong mit Rock- und Gospelelementen – aber der Text und das Video haben es in sich. Der Song beginnt damit, dass das Leben ein großes Geheimnis (»mystery«) ist. Das ist nur ein kurzer Vers, der aber gleich den Ton setzt. In der katholischen Messe, mit der Madonna so vertraut ist, aber auch in manchen lutherischen Liturgien ruft der Pfarrer das »Geheimnis des Glaubens« (»mystery of faith«) aus. Das Wirken Gottes ist ein Geheimnis, das sich weder rational erfassen noch in Worte kleiden lässt. Schon im hellenistischen Umfeld von Jesus gab es Mysterienkulte, die auch im Neuen Testament und in der christlichen Liturgie ihre Spuren hinterlassen haben. Die ältesten Handschriften des Markusevangeliums endeten damit, dass die Frauen, nachdem sie das leere Grab gesehen hatten, vor Entsetzen flohen (Markus 16,8). Der Evangelist wollte seinen Bericht über das Leben und Wirken Jesu mit einem Wunder beenden, das unfassbar und dadurch auch beängstigend war. Und mit ihrem ersten Vers will uns die Sängerin Madonna darauf vorbereiten, dass es in ihrem Lied um etwas Geheimnisvolles oder, um das griechische Wort zu gebrauchen, etwas Mystisches geht.

Und das Lied kommt schnell zum Thema. Der zweite Vers beklagt, dass wir uns allein durchkämpfen müssen, aber dann hört die Sängerin schon gleich, wie Gott sie bei ihrem Namen ruft, und alles wird gut. Damit zitiert Madonna Jesaja 43,1: »Fürchte dich nicht, denn ich habe dich erlöst; ich habe dich bei deinem Namen gerufen; du bist mein!« Wenn man glaubt, wird alles gut. Aber wie geht es weiter?

Wenn Gott sie beim Namen ruft, ist es wie ein Gebet. Und dann wird der Song so zweideutig, dass er eindeutig wird. Die Sängerin sinkt auf ihre Knie, wie zum Gebet, aber auch, um ihn dort »zu nehmen«. Dass damit ein erotischer Akt gemeint ist, ergibt sich unmissverständlich aus dem nächsten Vers, wo sie seine »Kraft« um Mitternacht spürt.

Die Liebe zu Gott wird gleichgesetzt mit erotischer Liebe, die mit eindeutigen sexuellen Anspielungen beschrieben wird. Das Video bestätigt, dass beides eins ist. Madonna selbst hat das Video gegenüber der *New York Times* interpretiert.[66] Das Video beginnt mit der Anklage eines rassistischen Akts. Ein Mädchen (das von Madonna selbst gespielt wird) sieht, wie eine junge Frau von einer Gruppe weißer junger Männer überfallen wird und zu Boden geht. Ein Afroamerikaner, der zufällig vorbeikommt, kommt der Niedergeschlagenen zur Hilfe, während die Täter verschwinden. In diesem Augenblick erscheint die Polizei und verhaftet den unschuldigen Schwarzen. Einer der Gangster macht dem Mädchen klar, dass sie dran ist, wenn sie eine Aussage macht.

Das Mädchen sucht in einer Kirche Zuflucht. Dort erblickt sie die Schwarze Figur eines Heiligen, die dem verhafteten Afroamerikaner sehr ähnlich sieht. Bei dem Heiligen handelt es sich um Martín de Porres Velázquez, auch »Schwarzer Christus der Anden« genannt. Aus den Augen der Heiligenfigur rinnen Tränen, und die Figur scheint zum Leben zu erwachen. Das Mädchen fällt in einen Traum und stürzt vom Himmel, bis sie von einer liebevollen Frau aufgefangen wird, die, so Madonna, »die Erde und emotionale Stärke repräsentiert und die sie wieder aufrichtet und ihr sagt, das Richtige zu tun.« Und Madonna fährt mit ihrer Inhaltsangabe fort:

»Immer noch träumend, kehrt sie zum Heiligen zurück, und ihre religiösen und erotischen Gefühle beginnen zu erwachen. Der Heilige wird zu einem Mann. Sie nimmt ein Messer und schneidet sich in ihre Hände. Das ist die Schuld im Katholizismus, dass du, wenn du etwas tust, das sich gut anfühlt, bestraft wirst. Wenn der Chor singt, erreicht sie ein orgastisches Crescendo sexueller Erfüllung, die verflochten ist mit ihrer Liebe zu Gott. Sie weiß, dass ihr nichts passieren kann, wenn sie tut, was sie für richtig hält. Sie wacht auf, geht zum Gefängnis, erzählt der Polizei, dass der Mann unschuldig ist, und er wird freigelassen. Dann verneigen sich alle, als ob sie sagen würden, wir alle spielen eine Rolle in dieser kleinen Szenerie.«

Mary Lambert, die Regisseurin des Musikvideos, betrachtet es als Hauptmotiv des Songs, dass er »religiöse und spirituelle Ekstase mit sexueller Ekstase vergleicht« – was Madonna bestätigte. Der »Er« im Lied ist zugleich ein zum Leben erweckter Heiliger und ein Mann. Dass sie vor »ihm« kniet und »ihn« nimmt, ist bewusst doppeldeutig: Oralsex und Gebet sind eins. Das ist die Beschreibung einer Unio mystica, der »geheimnisvollen Vereinigung« eines Menschen mit Gott, im Disko-Rhythmus mit Gospelchor. Wenn der Song ekstatischer wird, vermischen sich religiöse Motive im Text (wie Engel, Himmel, Gebet, Gott) mit erotischen (wie Seufzen, fühlt sich an wie fliegen, zum Ziel bringen) zu einer »orgastischen« Vereinigung, wie es die Texterin und Sängerin selbst nannte. Der Satz »du bist nicht, was du scheinst« bestätigt das Vexierspiel der Unio mystica. Und das Geheimnisvolle dieser Vereinigung spiegelt sich im häufigen Gebrauch des Worts »mystery« im Songtext.

Die Idee der Unio mystica zieht sich im mystischen Katholizismus seit dem frühesten Christentum durch die gesamte Geschichte und hat sich bis heute in der kirchlichen Praxis der Anverlobung innerhalb der Jungfrauenweihe erhalten. Madonna bestätigt, dass ihr die Vorstellung, die Braut Christi zu werden, seit der Kindheit geläufig war: »›Like a Prayer‹ ist das Lied eines leidenschaftlichen jungen Mädchens, das so sehr in Gott verliebt ist, dass es fast so ist, als wäre Er die männliche Figur in ihrem Leben. Seitdem ich ungefähr acht bis zwölf Jahre alt war, hatte ich die gleichen Gefühle. Ich wollte wirklich eine Nonne werden.«[67]

Dass sich die Unio mystica auch im realen Leben nicht nur auf eine abstrakte, rein platonische Liebe beschränkte, sondern – wie in Madonnas Musikvideo angedeutet – bis hin zum genitalen Orgasmus führen konnte, lesen wir beispielsweise bei den christlichen Nonnen und Mystikerinnen Mechthild von Magdeburg oder Hildegard von Bingen, die in Wort und Bild durchaus plastisch wurden. Die Unio mystica ist jahrhundertelang immer wieder Gegenstand der bildenden Kunst gewesen, unter anderem bei Meister Bertram, Hans Memling, Correggio und Tizian. Musikalisch hat insbesondere Johann Sebastian Bach die Vermählung mit Gott verarbeitet. So heißt es im *Weihnachtsoratorium:*

Bereite dich, Zion, mit zärtlichen Trieben,
Den Schönsten, den Liebsten bald bei dir zu sehn!
Deine Wangen
Müssen heut viel schöner prangen,
Eile, den Bräutigam sehnlichst zu lieben!

Das war in der Sprache der damaligen Zeit schon eine eindeutige Gleichsetzung von erotischer und spiritueller Liebe. Musikalische Stile haben sich seit Bachs Zeiten verändert, und wenn die Unio mystica heute noch besungen wird, dann eben im Disko-Rhythmus, der in einen Gospel übergeht.

Das Video zu *Like a Prayer* beging noch weitere Tabubrüche. Madonna erscheint darin mit Kreuzkette in einem tief ausgeschnittenen Unterkleid als Sünderin und hat Sex in der Kirche. In einem Interview mit dem *Rolling-Stone*-Magazin beschrieb sie, wie sie das Sünderin-Sein als Katholikin wahrnahm: »Wenn du einmal Katholikin bist, bist du immer eine Katholikin – hinsichtlich deiner Gefühle von Schuld und

Reue, ob du gesündigt hast oder nicht. […] Manchmal bin ich zermartert von Schuld, wenn ich es nicht sein sollte, und das kommt für mich von meiner katholischen Erziehung. Denn im Katholizismus wirst du als Sünderin geboren, und du bleibst dein ganzes Leben lang eine Sünderin. Egal, wie du versuchst, es zu überwinden, die Sünde ist immer in dir.«[68]

Wenn die sieben Todsünden Stolz, Habsucht, Neid, Zorn, Unkeuschheit, Unmäßigkeit und Trägheit heißen, dann kann jede Triebregung, jede Affekthandlung, jede menschliche Bedürfnisbefriedigung zur Sünde werden. Wenn man lebt, sündigt man. Und um sich von der Sünde reinzuwaschen, muss sich ein Katholik oder eine Katholikin von einem Priester die Beichte abnehmen lassen, wobei man seine sündigen Taten vollständig aufzählen und beschreiben muss. Das Wissen, das die Beichtväter auf diese Weise erlangen, verleiht ihnen eine gewaltige Macht über die Gläubigen. Madonna Ciccone kannte die permanenten Schuldgefühle. Sie ging auf ihre eigene Weise damit um. Ganz nach dem Motto: Wenn man gar nicht leben kann, ohne zu sündigen, dann sündigt man eben – und zwar richtig. Sie lebte die Unkeuschheit in vollen Zügen aus und machte sie zum Thema ihrer Outfits, Performances und Songs.

Im Video zu *Like a Prayer* fügt sie sich mit einem Dolch selbst Stigmata zu. In der Antike dienten Stigmata dazu, Menschen aus moralischen Gründen aus der Gemeinschaft auszuschließen. Im Christentum wurden Stigmata zum Zeichen dafür, in außergewöhnlichem Maße an Gottes Gnade teilzuhaben. Und wieder ist es diese Doppeldeutigkeit, die Madonna beabsichtigt. Einerseits ist sie als Sünderin die

Ausgestoßene, und andererseits ist sie die Auserwählte, wenn sie Sex mit einem Heiligen hat.

Nachdem Madonna den Schwarzen Heiligen zum Leben erweckt hat, sind brennende Kreuze im Hintergrund zu sehen. Mit solchen Kreuzen pflegten die schottischen Klans zu Kriegen aufzurufen. Der Ku-Klux-Klan übernahm diese Tradition, um seine Anhänger zu mobilisieren und die afroamerikanische Bevölkerung einzuschüchtern. Madonna wusste, dass sie mit dem Video auch die Rassisten bis zur Weißglut provozieren würde. Als weiße Frau Partei zu ergreifen für einen zu Unrecht beschuldigten Schwarzen, war in deren Augen schon schlimm genug, aber noch schlimmer war das, was im Jahr 1989 »interracial sex« hieß: der Geschlechtsverkehr einer Weißen mit einem Schwarzen. Dabei war Madonna noch nicht einmal kalkulierend, sondern nur biografisch authentisch. Sie war nämlich als Weiße in einem fast ausschließlich afroamerikanischen Stadtquartier von Chicago aufgewachsen, hatte nur Schwarze Freundinnen und wünschte sich selbst, »Schwarz zu sein« – auch, damit sie krause Haare hätte haben können. Noch als Erwachsene meinte sie in einem *Rolling-Stone*-Interview: »Wenn aber Schwarz zu sein, gleichbedeutend dazu ist, Seele zu haben, dann, ja, fühle ich, dass ich es bin.«[69] Die Verbeugung aller Mitwirkenden am Schluss des Videos kann als Überwindung der Rassentrennung gedeutet werden.

Dem Vatikan war das alles zu viel. Papst Johannes Paul II. forderte persönlich zum Boykott des Songs auf, ebenso wie Vereinigungen evangelikaler Christen. Die meisten amerikanischen Fernsehsender setzten das Video auf den Index.

Nicht so MTV – dort kürten es die Zuschauer zum besten Musikvideo des Jahres.

Knapp zehn Jahre nach *Like a Prayer* reichte der Sängerin die katholische Mystik nicht mehr aus, und sie wandte sich einer trivialisierten Version der jüdischen Kabbala zu, die vom »Kabbalah Centre« in Los Angeles gelehrt wurde, um Prominenten üppige Geldbeträge aus der Tasche zu ziehen. Nach traditioneller jüdischer Lehre dürfen nur diejenigen in die Geheimnisse der Kabbala eingeweiht werden, die ein jahrelanges Studium jüdischer Schriften absolviert haben. Bei Prominenten wie Madonna, Lindsay Lohan, Ashton Kutcher, Paris Hilton, Jerry Hall oder Ariana Grande ist das eher zu bezweifeln.

V. E.

15.

Was in der Trauer trägt:
TEARS IN HEAVEN
von Eric Clapton

Genre: Soft-Rock

Komposition/Text: Will Jennings / Eric Clapton

Interpret: Eric Clapton

Erscheinungsdatum: 1992 als Filmmusik-Auftragskomposition für den Soundtrack des Films *Rush*

Auszeichnungen: Golden Globe Award; MTV Movie Award; 3 Grammy Awards; Nr. 353 bei The 500 Greatest Songs of All Time des Rolling Stone

Blind Faith – blindes Vertrauen. 1969 hatte Eric Clapton mit Steve Winwood diese später als »Supergroup« bezeichnete Band gegründet. Da galt er bereits, wie es ein Graffito an einer Londoner Mauer zum Ausdruck brachte, als »Gitarrengott«. Wenn er auf seiner Stratocaster Blues spielt, spürt man damals wie heute: Da legt jemand mit Musik seine Seele offen, verleiht seiner Sehnsucht und seinem Schmerz Ausdruck.

Seine Projekte mit den Yardbirds, John Mayall & the Bluesbreakers und Cream waren zwar erfolgreich gewesen, aber jeweils nach kurzer Zeit auseinandergebrochen. Dieses Mal war Clapton optimistisch – er hatte »blindes Vertrauen«, dass die neue Band besser funktionieren würde.

Vieles war gerade neu in Claptons Leben. Er hatte sich frisch verliebt und die Villa »Hurtwood Edge« gekauft – an einem Waldhang gelegen. Hier fühlte er sich wohl wie nie zuvor, geradezu wie im Himmel. Dieses Wohlgefühl kleidete er in einen Song, *Presence of the Lord,* mit dem er die Welt wissen ließ: Endlich lebte er, wie er es sich schon immer ersehnt hatte. So selig fühlte er sich, als sei er *in der Gegenwart des Herrn.* In den anderen Strophen heißt es, *in der Farbe des Herrn.* So wie man die Farben eines Klubs trägt, so trägt Eric Clapton die Farbe Gottes.

Besonders fromm war Eric lange Zeit nicht gewesen – im Gegenteil. Frauengeschichten, Alkohol und Drogen prägten zudem sein Leben. Umso schöner, dass er in der Villa »Hurtwood Edge« nun zur Ruhe fand und das sogar mit religiösen Bildern beschrieb. Einen spirituellen Grundstock hatte Eric als Schulkind erhalten. In Ripley, nicht weit entfernt von seinem neuen Wohnort, hatte er sonntags den Kindergottesdienst besucht. Er lernte »die wunderschönen alten englischen Kirchenlieder« kennen. *Jesus bids us shine* mochte er besonders, da heißt es: »Jesus lädt uns zum Leuchten ein, er wird uns immer helfen zu strahlen.« Als »spirituell neugierig« beschreibt Clapton sich selbst in jungen Jahren.[70] Mit Kirche konnte er zwar nicht viel anfangen und blieb skeptisch gegenüber allen Versuchen, ihn dort hinzulocken. Aber über den Glauben und Gott machte er sich Gedanken, sprach auch mit Kollegen darüber. In der »Gegenwart des Herrn« zu leben, bedeutete für ihn also nicht, fromm zu sein, sondern zu ahnen: Hier, wo ich bin und mich wohlfühle, ist Gott nahe. Er stellte *Presence of the Lord* seiner neuen Band vor. Sie nahmen den Song ins Repertoire auf. Clapton bat den Keyboarder Steve Winwood, das Lied zu singen – seine Stimme sei besser. Er protestierte zunächst, sang ihn aber dann.

Clapton fand vor allem über die Musik Zugang zu seinem Glauben: »Als vertrauenswürdigstes Vehikel der Spiritualität hatte sich für mich immer die Musik bewährt«, schrieb er, »sie lässt sich nicht manipulieren und politisieren, und jeder Versuch, es doch zu tun, ist immer leicht zu durchschauen.« Eines Tages meinte ein anderer Musiker zu Clapton, Gott habe ihm das Talent zu singen gegeben – »und wenn du es nicht benutzt, nimmt er es dir wieder«. Clapton lernte also zu singen. Doch dann zerbrach Blind Faith und er versank in Alkohol und Heroin.

1985 die Wende: Er verliebt sich in Lori del Santo, Model von Beruf. Die beiden sind glücklich. Lori wird schwanger. Am 21. August 1986 ist Eric bei der Geburt dabei. »Irgendwie hatte ich das erste Mal das unglaubliche Gefühl, zum ersten Mal etwas wirklich Reales zu erleben«, blickt Clapton zurück. Er stand im Kreißsaal und beobachtete, wie seine Freundin Lori sich mit der Geburt abmühte. Der Kopf des Kindes blieb stecken, nun musste ein Kaiserschnitt gemacht werden. Clapton war in der Wirklichkeit angekommen. Sein bisheriges Leben erscheint ihm völlig unbedeutend. Das Trinken, die Tourneen, der Erfolg, die Frauen, das Rauschgift – alles war nicht wichtig gewesen. Als das Baby geboren ist, gibt eine Schwester es Clapton auf den Arm. Er ist total fasziniert, ungeheuer stolz – und ziemlich unbeholfen, weil er keine Ahnung hat, wie man ein Baby hält.

Mutter Lori bleibt im Krankenhaus, Vater Eric geht golfen. Die Kumpels prosten ihm zu und beglückwünschen ihn. Langsam schwant ihm: Nun steht das Erwachsenwerden an. »Dieses winzige, so ungeheuer verletzliche Kind machte mir plötzlich klar, dass ich endlich aufhören musste, dauernd nur Mist zu bauen. Fragte sich bloß: wie?«, resümierte Clapton später in seiner Autobiografie.

Die Liebesbeziehung zu Lori zerbricht – aber ein guter Vater will Clapton bleiben. Doch das war nicht leicht. Schonungslos schildert er später, wie er Conor bei seiner Mutter in Mailand besuchte, mit ihm spielte – und eigentlich nur überlegte, wann Conor wohl endlich schliefe, damit er wieder trinken könnte.

Wilde Sauftouren stehen an. 1987, auf einer Tour durch Australien, kann Clapton sein Zittern nicht mehr unterdrücken. In diesem Zustand will er seinem Sohn nicht gegenübertreten. Im Herbst geht er wieder einmal in eine Entzugsklinik. Seelisch und körperlich ist Clapton am Ende. Auf dem Tiefpunkt entdeckt er das Gebet für sich. Allein kann er sich aus der Lage nicht herausmanövrieren. Er bittet Gott um Hilfe: »Auf den Knien, weil ich spüre, dass ich mich beim Beten erniedrigen muss, und mehr geht bei meinem Ego nicht.« Clapton ist sich darüber im Klaren, dass Gott schon immer da war. Nun aber lernt er, mit ihm zu sprechen.

Nach der Entlassung aus der Klinik bleibt Clapton clean. Er verbringt so viel Zeit wie möglich mit Conor und dessen Mutter Lori. Stolz bewundert er seinen blonden Jungen, freut sich mit ihm, dass er am ersten Geburtstag laufen kann, und genießt es, als Conor ihn »Papa« nennt. In die Rolle des Vaters, der er gerne sein möchte, ist er allerdings noch immer nicht hineingewachsen, fühlt sich eher wie ein großer Bruder. Wie »ein kleiner Engel mit göttlichem Wesen« kommt Conor ihm vor.

Im März 1991 besucht er seinen Sohn in New York. Zum ersten Mal will er allein mit Conor etwas unternehmen. Sie fahren zum Zirkus nach Long Island. Conor ist von den Elefanten begeistert. Clapton ist glücklich – »Zum ersten Mal erkannte ich, was es bedeutete, ein Kind zu haben und Vater zu sein.« Am folgenden Morgen steht er frohen Sinnes auf und macht sich auf den Weg zu Lori und Conor. Zu dritt wollen sie in den Zoo und dann lecker italienisch essen gehen. Gegen elf Uhr ruft Lori an. Wie von Sinnen schreit sie ins Telefon: »Conor ist tot!« Clapton eilt zum Apartment; vor dem Haus sieht er einen Rettungswagen. Er erfährt, was geschehen ist: Lori hatte gebadet; ein Kindermädchen hatte mit Conor Verstecken gespielt, das Kind war fröhlich, alles war gut. Ein Hausmeister kam und sprach mit der Nanny, erklärte ihr, dass die Sicherheitsgitter vor den bodentiefen Fenstern noch fehlten, Vorsicht sei geboten. Als Lori aus dem Bad kam, sah sie ihren Sohn nicht. »Conor!?« Sie blickte zum offenen Fenster. Conor war herausgefallen, aus dem 53. Stockwerk. Die Trauer ist unendlich groß. Warum ist das geschehen? Wo ist Conor jetzt?

Clapton flüchtet in die Musik – und schreibt mit dem Komponisten Will Jennings ein ergreifendes Lied über seine Gefühle und seine Gedanken darüber, was nach dem Ende des irdischen Lebens auf uns Menschen wartet. Wie wird wohl das Wiedersehen im Himmel sein: Wird sein verstorbener Sohn ihn dann wiedererkennen? Eric Clapton wünscht sich, dass sein Sohn ihm im Himmel die Hand hält. Dieses Bild fängt den unendlich großen Schmerz des verwaisten Vaters ein. Sollte es nicht eigentlich andersherum sein? Sollte es nicht der Vater sein, der dem Sohn, wenn er denn sterben muss, die Hand hält? Clapton scheint zu spüren, dass sein Sohn nun der Stärkere ist, und hofft auf seine tröstende Geste – aber eben erst im Himmel. Jetzt, weiß Clapton, muss er stark sein und seine Trauer und die Wirklichkeit auf der Erde meistern.

Was tröstet? Clapton hofft darauf, dass die Zeit die Wunden heilt. Und er ist sich sicher: Im Reich Gottes, wo die Verstorbenen sich aufhalten, wird Conor Frieden finden. Hinter der Himmelstür sei Friede. Und Tränen werde es dort auch nicht mehr geben. Das klingt fast wie vom letzten Buch der Bibel abgeschrieben, der sogenannten Offenbarung des Johannes, eines Visionärs, der sich vorstellte, wie es am Ende aller Zeiten wohl sein wird. »Gott wird abwischen alle Tränen von ihren Augen, und der Tod wird nicht mehr sein, noch Leid noch Geschrei noch Schmerz wird mehr sein« (Offb 21,4), betonte auch er.

Clapton präsentiert den Song erstmals in einer britischen Talkshow. Statt einer E-Gitarre holt er eine Konzertgitarre hervor und zupft virtuos ein musikalisches Thema, das zu Herzen geht. Dazu singt er mit sanfter Stimme. Die Moderatorin ist sichtlich gerührt – und mit ihr schnell Millionen Menschen auf der ganzen Welt. Der Song wird Claptons erfolgreichster Hit, gewinnt drei Grammys. Fortan spielt er ihn bei jedem Konzert – zehn Jahre lang. Doch dann hört er zur Enttäuschung seiner Fans damit auf. Er hatte den Verlust überwunden und wollte nicht, dass die Gefühle der Trauer zurückkehren, wenn er den Song noch weiter spielt.

Tears in Heaven ist allerdings über alle Religionsgrenzen hinweg zum Seelentröster für Menschen geworden, die geliebte Angehörige verloren haben. Dass mit dem Tod alles, wirklich alles vorbei sein soll, ist für die meisten Menschen unvorstellbar. Die Sehnsucht, sich mit den Verstorbenen einst wieder zu treffen, in welcher Form auch immer, ist groß. Und die Hoffnung auf das Wiedersehen hilft vielen, den Verlust zu überwinden.

Die meisten Christen gehen davon aus, dass es am Ende aller Zeiten für jeden Verstorbenen eine Auferstehung gibt; die Bibel hält dafür starke Bilder vor. Daraus lässt sich schließen: Nach dem Tod mündet die menschliche Seele nicht in einen himmlischen »Seelen-Pool«. Auch wird sie nicht wiedergeboren. Vielmehr bleiben die persönlichen Eigenheiten eines Menschen erhalten; der irdische Körper bleibt als Hülle zurück, die unsterbliche Seele aber bewahrt als geistlicher Körper die Individualität eines Menschen. Da liegt das Bild nahe, dass sich am Ende alle Menschen im Himmel wiederbegegnen.

Inzwischen, mehr als 30 Jahre nach dem Unglück, hat Clapton eine neue Distanz zu dem damaligen Geschehen gefunden. Er singt *Tears in Heaven* wieder öffentlich auf großen Bühnen. Der Schmerz ist ihm noch anzusehen. Doch er scheint versöhnt mit seiner Lebensgeschichte. Womöglich hofft er auch darauf, dass es sich im Himmel so anfühlen wird wie damals, als er zum ersten Mal nach vielen schlimmen Jahren in seinem Traumhaus im Wald Ruhe fand und die »Gegenwart des Herrn« spürte. Im Himmel wird er ihm jedenfalls noch näher sein.

U. B.

16.

Elvis und die Hotline zum Himmel: PERSONAL JESUS von Depeche Mode

Genre: Synth-Rock

Komposition/Text: Martin L. Gore

Interpreten: Depeche Mode

Erscheinungsdatum: 1989 als erste Singleauskopplung aus dem Album *Violator* (Mute)

Auszeichnungen: unter den Top Ten in acht Ländern; 1x Platin, 5x Gold (verschiedene Länder); The 100 Best Singles of the 1990s des Slant Magazine

Your own personal Jesus« – eine seltsame Anzeige erschien im Sommer 1989 in mehreren englischen Tageszeitungen. Sollte das wahr sein? Wer die dort abgedruckte Nummer wählte, der würde tatsächlich mit Jesus verbunden? Eine Hotline zum Sohn Gottes? Unfassbar. Im Dickicht der Angebote US-amerikanischer und britischer Geldscheffel-Prediger aber doch nicht so unglaublich. Denn viele halbseidene sogenannte Televangelists behaupteten damals, die Glaubenssehnsüchte der Menschen in Gottes Namen stillen zu können. Sie versprachen schnelle Vergebung oder Erlösung am Telefon. Die Leitungen liefen über Bezahl-Nummern. Während also selbst ernannte Telefonseelsorger Rat suchende Menschen möglichst lange in ein Gespräch über Gott und Sündenlasten verwickelten, lief im Hintergrund der Geldzähler. Statt Nächstenliebe trieb die gar nicht wundersame, sondern berechnende Geldgier die Prediger an.

Martin Gore, den Sänger und Inspirator der Synthie-Pop-Band Depeche Mode, nervte das ziemlich. Er wollte dem heuchlerischen Treiben ein Ende setzen – nicht durch Argumente, sondern durch Musik und böse Ironie. Mit einem Lied wollte er das Treiben der scheinheiligen Geldscheffler entlarven und ad absurdum führen. Wie wäre es also, wenn da jemand verspräche, er könne den direkten Kontakt zum ganz persönlichen Jesus herstellen? Würde man ihm glauben und Geld dafür zahlen? *Personal Jesus* entstand und versprach: Du kannst deinen eigenen persönlichen Jesus am Telefon erleben – er wird deine Gebete erhören und sich kümmern!

Der ewig verfügbare Jesus – ein Traum für alle Einsamen, denen die spirituelle Gottsuche zu lange dauert. Instantglaube via Telefon mit Beruhigungsgarantie: Wenn du dich unverstanden und allein fühlst, nimm den Hörer ab – ich mach dich zum Glaubenden. Teste mich, beichte mir alles, was dir auf der Seele brennt. Vertrau mir. Ich werde dir die Vergebung schenken, die du ersehnst. Versprochen!

In Deutschland haben die großen Kirchen die Telefonseelsorge aufgebaut. Unter der bundesweit gültigen kostenfreien Telefonnummer 0800 111 0 111 finden Rat suchende Menschen offene Ohren und Hilfe bei ausgebildeten Seelsorgerinnen und Seelsorgern. Dabei können die Anrufenden ihre volle Anonymität wahren. Die Angebote mancher Televangelisten, die im US-amerikanischen Raum noch immer gegen Spenden himmlischen Zuspruch versprechen, sind dagegen unseriös. Sie wirken wie die moderne Wiederauflage des Ablasswesens am Beginn des 16. Jahrhunderts, als Menschen dazu gebracht wurden, sich von göttlichen Sündenstrafen freizukaufen. Der Reformator Martin Luther setzte damals seine Botschaft von der bedingungslosen und vor allem nicht käuflichen Liebe und Gnade Gottes dagegen und wetterte gegen die Geldscheffler, die sich an den Ängsten der Menschen bereicherten. Fast 500 Jahre später kämpft Luthers Namensbruder Martin Gore mit seinem Song gegen ähnlichen Glaubensmissbrauch.

Der Unterschied zum alten Martin: Gore war auf andere Weise fromm. Er lebte nie im Kloster, musste sich nicht aus religiösen Zwangssystemen befreien. Seine öffentlichen Äußerungen zum Thema Glauben sind spärlich. Doch wenn er von Gott redet, dann klingt das erstaunlicherweise sehr überzeugt. »Jedes Mal, wenn ich einen Song schreibe, muss ich irgendwie das Thema Religion anschneiden«, offenbarte er der *Los Angeles Times* im Interview und ergänzte: »Ich war nie überzeugter Anhänger einer Religion, aber es liegt in meiner Natur, an etwas glauben zu wollen.«[71]

Gore kennt also die Sehnsucht nach Gott und nach Erlösung. Er ahnt, dass Menschen auf vollmundige Heilszusagen leicht hereinfallen – etwa wenn da jemand von sich behauptet, er sei der große Erlöser, man müsse ihm nur die Hand entgegenstrecken. In diesem Fall schlagen bei ihm die Alarmglocken an.

Zum Erscheinen der Single *Personal Jesus* dachten sich Depeche Mode also einen originellen Coup aus: Zeitungsanzeigen mit dem Text »Your personal Jesus«! Wer die Hotline-Nummer wählte, fand keinen spendensammelnden Missionar – sondern hörte Depeche Mode: *Your own personal Jesus*. Musikalisch unterstreicht ein hämmernder Rhythmus die Übergriffigkeit der gierigen Prediger. Zum ersten Mal in der Bandgeschichte von Depeche Mode bestimmte eine schneidende E-Gitarre den Sound mit einem Hard-Rock-Riff, Gore selbst spielt sie.

Inspiriert wurde er aber nicht allein vom Ärger über die frömmelnden Geschäftemacher. Auch die schwierige Liebesgeschichte von Priscilla und Elvis Presley hatte ihm die Augen geöffnet für menschliche Abgründe und Abhängigkeiten. Während seiner Zeit als Soldat der U.S. Army hatte Elvis Presley, 24 Jahre alt und weltberühmt, die zehn Jahre jüngere Priscilla kennengelernt. Die beiden verliebten sich;

Priscillas Vater gestattete seiner Tochter, dass sie mit Elvis in dessen Traumresidenz »Graceland« ziehen dürfe. Einzige Bedingung: Sobald sie volljährig sei, müsse der »King of Rock 'n' Roll« sie heiraten. Priscilla und Elvis willigten ein. 1967 heirateten die beiden in Las Vegas. Tochter Lisa Marie wurde geboren, dann ging die Ehe krachend in die Brüche, 1973 wurde sie geschieden. In ihren Memoiren beschrieb Priscilla die Ehe mit Elvis als schlimme Abhängigkeit. Sie habe ihn geradezu vergöttert – diese Rolle habe er gerne angenommen.

Diese fatale Liebesgeschichte brachte Martin Gore zum Nachdenken. Offensichtlich gibt es das: Menschen rücken sich gegenseitig in den Status eines Heilsbringers, eines Messias, der alle Probleme ohne eigenes Zutun löst. Das Gegenüber wird zum »personal Jesus«, der Tag und Nacht für einen da ist, der Liebe schenken kann – aber auch auf die Einhaltung von Geboten pocht. *Personal Jesus* sei »ein Lied darüber, ein Jesus für jemand anderen zu sein«, erklärte Gore: »Jemand, der dir Hoffnung und Fürsorge gibt.« Das könne sehr leicht umschlagen in Abhängigkeit und psychische Gewalt.[72]

Ob Johnny Cash die Tiefe und die Ironie des Songs verstand, ist eher zweifelhaft. Der Superstar der Country-Szene war gläubiger Christ. Nach vielen Lebenskrisen und in einem Karrieretief hatte Produzent Rick Rubin sich seiner angenommen. Seine Idee: Johnny Cash singt mit lebensweiser und alterswunder Stimme Cover-Songs anderer Künstler. Rubin und Cash – diese Kombination wirkte auf die meisten anfangs unpassend. Schließlich hatte Rubin Heavy-Metal-, Punk- und

Hip-Hop-Bands produziert. Auch Depeche Mode gehörte in »seine« Künstlerriege. *Personal Jesus,* dachte Rubin, könnte zu Cash passen: »Ich war mir gar nicht sicher, ob das nun ein Lied für oder gegen Jesus war, aber ich konnte mir vorstellen, wie er es sang.«[73] Tatsächlich sprang Cash auf den Song an. Dass Jesus der Erlöser ist, der tatsächlich von aller Schuld befreit: Das hatte er am eigenen Leib und an der eigenen Seele erfahren. Die Vorstellung allerdings, dass Prediger aus Geldgier Glauben vorgaukeln, war ihm fremd. So war er von *Personal Jesus* begeistert. »Das ist wahrscheinlich der reinste Evangelien-Gospelsong, den ich je aufgenommen habe. Ich weiß nicht, ob der Songschreiber es so meinte, aber so ist das« erklärte er im Interview, »es geht um die Frage, wo du Trost und Rat findest, an welcher Schulter du dich anlehnen kannst, wer deine Hand hält, es geht um deinen persönlichen Jesus. Ich habe das als Gospelsong gehört. Und wenn man es als Gospelsong sieht, funktioniert es wirklich gut.«[74] In diesem ungetrübten Bewusstsein singt Cash den Song. Dass er trotzdem nicht oberflächlich klingt, hängt mit der Lebenserfahrung zusammen, die sich in Cashs Stimme dokumentiert. Der Glaube an Jesus hatte ihn tatsächlich aus dem Suchtsumpf gehievt. Über Jesus hatte er sogar einen Kinofilm gedreht (der floppte). Menschen in seiner Umgebung staunten über Cashs natürliche Art der Frömmigkeit. Bono wies sogar nach einem Besuch bei Cash mit kleinem Augenzwinkern darauf hin, dass Johnny Cash und Jesus Christus dieselben Initialen haben. Cash sang also keine Persiflage auf die, die mit dem Glauben Geld machten. Cash sang von sich und davon, dass Jesus für jeden Menschen die Erlösung bringen kann.

Als die Cash-Version von *Personal Jesus* erscheint, sind Depeche Mode erstaunt. Jemand hatte ihnen im Vorfeld davon berichtet. »Ich denke, wenn man jemand von Johnny Cashs Kaliber ist, fragt man nicht nach Erlaubnis«, meinte Martin Gore.[75] Immerhin gelangt sein Song nun zu Hörerschichten, die eher in der Pop- und Country-Szene zu Hause waren und denen Depeche-Mode-Musik wie eine CD mit sieben Siegeln vorkam.

Der Spiritualität im positiven Sinn ist Martin Gore bis heute verbunden. 1994 veröffentlichte die Band die CD *Songs of Faith and Devotion.* Mehrere Songs darauf hören sich wie spirituelle Hymnen an: *Judas* handelt vom Zwiespalt zwischen Glaube und Sicherheit; in *Condemnation* (»Verurteilung«) geht es um Schuldgefühle und Reue, *Higher Love* schließlich beschwört die höhere Liebe, die die Seele zum Brennen bringt und in die Unendlichkeit führt.

Während Texter Martin Gore sich nicht auf eine Religion festlegen mag, trat Sänger und Frontmann Dave Gahan bereits 1990 in die griechisch-orthodoxe Kirche ein. Über die Beweggründe macht er keinen Hehl: Das war die Bedingung, damit er seine Verlobte, eine Griechin, kirchlich heiraten konnte. Allzu religiös sei er nicht, wohl aber spirituell: »Ein Teil des Universums sein zu wollen oder die Verbindung zu der Kraft zu fühlen, die da draußen ist – das hat für mich nichts mit Religion zu tun«, sagte er in einem Interview. Für die Vorstellung, dass Gott je nach Religion anders sei, hat er kein Verständnis: »Falls es einen Gott gibt, dann ist es doch immer nur dieser eine, oder? Es gibt nicht zehn, die sich in einem Komitee beraten müssen.«[76]

Im Jahr 2022 schockierte der Tod des Depeche-Mode-Mitbegründers Andrew Fletcher die Musikwelt. Ob die Band weitermacht?, fragten sich bang die Fans. Ja, sie macht weiter – als Duo mit Martin Gore und Dave Gahan. Die beiden wissen sich nun noch mehr dem verpflichtet, was wirklich wichtig ist im Leben. Ihre neue CD nannten sie *Memento mori* – »Todesgedenken«. Auf dem Cover Grab-Blumengestecke in Form von Engelsflügeln.

U. B.

17.

Geldgierige Prediger: **JESUS HE KNOWS ME** von Genesis

Genre: Rock

Komposition/Text: Tony Banks / Phil Collins / Mike Rutherford

Interpreten: Genesis

Erscheinungsdatum: 1992 auf dem Album *We Can't Dance* (Atlantic/Virgin)

Auszeichnungen: BMI Pop Award; Nominierung für das British Video of the Year der Brit Awards

Anfang der 1990er-Jahre wurde geschätzt, dass sich allein in Nordamerika rund 2500 Fernseh- und Radioevangelisten im Äther tummelten. Televangelisten begannen, in Fernsehsendungen Glaubensworte zu verbreiten, Geschichten von Wundern zu erzählen – und den Zuschauern das Geld aus der Tasche zu ziehen. Dabei machte man einige seltsame Beobachtungen. Viele Televangelisten arbeiteten außerhalb kirchlicher Strukturen, sodass sie niemandem Rechenschaft ablegen mussten. Nur sechs Prozent von ihnen unterwarfen sich den Transparenzregeln des evangelischen Rats für finanzielle Verantwortlichkeit. Viele Televangelisten versprachen den Gläubigen materielle Reichtümer, was nicht unbedingt mit den Aussagen in der Bergpredigt zu vereinbaren ist. Dagegen versorgten sie sich selbst oft mit luxuriösen Anwesen, Rolls-Royce-Flotten und Privatjets. Und in die Politik mischten sie sich auch gerne ein, aber ausschließlich zugunsten erzkonservativer Politiker.

Ein besonders fragwürdiges Exemplar unter den Fernsehevangelisten war Ernest Angley, der über eine eigene, nach ihm selbst benannte Kirche, über eine Boeing 747 und einen eigenen Fernsehsender verfügte. Angley versprach, allein durch den Glauben diverse Krankheiten heilen zu können, darunter auch AIDS. Er verurteilte öffentlich Homosexualität als Sünde – aber ihm selbst wurde vorgeworfen, sich an männlichen Untergebenen vergangen zu haben.[77]

Und mit diesem Televangelisten befasste sich die Rockband, die sich nach dem ersten Buch Mose benannt hatte. Im Song *Jesus He Knows Me* taucht der Name Angley nicht auf, aber die Perücke, die Phil Collins in dem Musikvideo trägt, lässt keinen Zweifel daran, dass der Fernsehprediger mit dem charakteristischen Haarschnitt gemeint ist.

Der Songtext wird gesungen aus der Perspektive des Fernsehpredigers. Er ist stolz darauf, jeden Sonntag auf dem Fernsehschirm und darüber hinaus auf Werbeplakaten und Titelseiten der Illustrierten zu sehen zu sein. Warum er da grinst? Weil seine Kunden ein Stück vom Paradies kaufen. Er verspricht den Gläubigen, ihnen alles zu verschaffen, was sie wollen. Sie müssen auch nicht mehr an das ewige Leben glauben. Es reicht, wenn sie an ihn, den Fernsehprediger glauben. Im Refrain behauptet er frech, von Jesus autorisiert zu sein. Jesus würde ihn kennen, mit ihm sprechen und ihm recht geben. Die Doppelmoral des Fernsehpredigers kennt keine Grenzen. Er predigt ein konventionelles Familienbild und führt seine liebende Frau ins Feld. Aber die weiß natürlich nichts von seinen Liebschaften und dem Mann, mit dem er letzte Nacht ins Bett gegangen war. Diese Verse spielen auf Angleys zur Schau gestellte Homophobie an. Und darauf, dass außereheliche bisexuelle Affären öffentlich geworden sind.

Genesis singen, dass der Televangelist agiert wie ein Handelsvertreter. Er verkauft Seligkeit gegen Geld. Und seine Kontonummer ist überall zu finden – in seinen Fernsehsendungen, in seinen Magazinen, in Werbeanzeigen, auf Großplakaten, im Telefonbuch. Er selbst folgt natürlich nicht seinen eigenen Moralvorschlägen, aber das hat seine Kunden nicht zu interessieren. »Sie tranken heimlich Wein und predigten öffentlich Wasser« schrieb Heinrich Heine in seinem *Wintermärchen* über die Heuchelei mancher Kleriker. Genesis steuern ihre Version dazu bei. Der Televangelist mehrt seinen Reichtum Tag für Tag, weil er immer wieder Menschen findet, die ihm Geld überweisen. Aber damit sollen sie sich bitte beeilen! Jetzt wird es aber Zeit! Los, rufe meine Nummer an und veranlasse die Überweisung. Denn ich muss noch reicher werden!

Phil Collins hat eingeräumt, dass der Song Ernest Angley parodierte – das war anhand der Perücke auch nicht abzustreiten. Der derartig Angegriffene war aber Narzisst genug, den Song nicht als Kritik, sondern als Kompliment aufzufassen. Angley war eben ein Meister darin, Dinge umzudrehen – so wie er es auch mit der christlichen Botschaft gemacht hatte. Aldous Huxley hat diese Verbindung aus Narzissmus und vorgetäuschter Heiligkeit in seinem Roman *The Devils of Loudun* in prägnante Worte gefasst: »Ein langes religiöses Training hat seine Selbstliebe nicht ausgelöscht oder noch nicht einmal gemildert, es hat lediglich bewirkt, das Ego mit einem theologischen Alibi zu versorgen. Der ungebildete Egoist will einfach nur, was er will. Gib ihm eine theologische Ausbildung, und es wird für ihn offenkundig, es wird für ihn axiomatisch, dass das, was er will, das ist, was Gott will.«[78]

Das ist die Quintessenz des Refrains von *Jesus He Knows Me.* Aber natürlich drehte sich der Song nicht nur um Angley, sondern um Tausende von geldgierigen Televangelisten. Der prominente konservativ-evangelikale Theologe John MacArthur fand äußerst deutliche Worte über diese Branche: »Die Glaubensheiler und Gesundheits- und Heilungsprediger, die das religiöse Fernsehen beherrschen, sind schamlose Betrüger. Ihre Botschaft ist nicht das wahre Evangelium von Jesus Christus. […] Das sind keine gottgesandten Pastoren, sondern gierige Schwindler, die das Wort Gottes um des Geldes willen verfälschen.«[79]

Ole Anthony, der Präsident der Trinity Foundation, die die Televangelisten kritisch beobachtet, verglich die Televangelisation mit dem Ablasshandel des Johann Tetzel: »Gib mir Geld, dann vergebe ich dir deine Sünden!« Wenn die Televangelisten den Gläubigen versprechen, gegen entsprechende Geldzahlung Krankheiten zu heilen und ihnen zu Reichtum zu verhelfen (»health and wealth«), dann sei das »modernes Heidentum«, denn: »Wir glauben an die heidnische Lüge der Dualität, dass Gott nur gute Dinge tut und alles Negative in unserem Leben von Satan kommt. Wir glauben heimlich, dass ›echte‹ Christen niemals irgendwelche Unannehmlichkeiten, irgendeine Anstrengung oder Depression oder eine Periode des Zweifels erfahren müssen.«[80] Umgekehrt reden, so Anthony, die Televangelisten den Leuten ein, wenn sie von einer Krankheit, Armut oder anderen Schicksalsschlägen getroffen würden, wäre ihr Glaube nicht stark genug. Wenn die Gläubigen, wie Hiob, beklagen, dass sie trotz ihres Glaubens vom Unglück getroffen seien, dann hätten sie wohl eine geheime Sünde zu verbergen. Und wenn das auch nichts nützt, müssten sie von einem Dämon besessen sein. Dann wird ein Exorzismus angeordnet, d. h. ein heidnisches Ritual.

Es ist ein Irrglaube, dass jedes Unglück als Strafe Gottes zu interpretieren sei. Gott hat keine perfekte Welt geschaffen, sondern eine Welt, in der es Naturkatastrophen, Krankheit und schlechte Menschen gibt, die andere Menschen unterdrücken und Kriege anfangen. Letzteres ist die Konsequenz aus der Entscheidungsfreiheit des Menschen, die mit der Frucht des Baums der Erkenntnis begonnen hat. Gott selbst reute es mehrfach, dass er die Menschen geschaffen hatte, die voller Bosheit waren. Deshalb beschloss er, sie durch die Sintflut zu vernichten (Genesis 6,5–7), bis auf den braven Noah. Dem gelang es aber, Gott durch den »lieblichen Geruch« eines Brandopfers zu veranlassen, zukünftig nicht mehr in den Lauf der Natur einzugreifen, obwohl die Menschen immer noch böse waren (Genesis 8,21–22).

Der Bochumer Theologe Jan-Dirk Döhling hat herausgearbeitet, dass Gott im Alten Testament immer wieder dazwischen schwankt, die bösartige Menschheit oder auch nur das ungehorsame Volk Israel oder auch nur einzelne Menschen für ihre Missetaten zu bestrafen und andererseits Gnade walten zu lassen.[81] Am deutlichsten wird diese Spannung zwischen Gerechtigkeit und Strafe in Exodus 34,6–7, wo es heißt: »HERR, HERR, Gott, barmherzig und gnädig und geduldig und von großer Gnade und Treue, der da Tausenden Gnade bewahrt und vergibt Missetat, Übertretung und Sünde, aber ungestraft lässt er niemand, sondern sucht die Missetat der Väter heim an Kindern und Kindeskindern bis ins dritte und vierte Glied!« Diese sogenannte Gnadenformel (Hermann Spieckermann) wird an sechs weiteren Stellen des Alten Testaments aufgenommen, dann aber als reine Barmherzigkeit, ohne das Element der strafenden Gerechtigkeit wie in Psalm 103,8: »Barmherzig und gnädig ist der HERR, geduldig und von großer Güte.«

Im Neuen Testament wird das Gnadenmotiv verstärkt, insbesondere mit dem Kreuzestod Jesu, durch den die Sünde aufgehoben wurde: »Nun aber, am Ende der Zeiten, ist er ein für alle Mal erschienen, um durch sein eigenes Opfer die

Sünde aufzuheben. [...] so ist auch Christus einmal geopfert worden, die Sünden vieler wegzunehmen; zum zweiten Mal erscheint er nicht der Sünde wegen, sondern zur Rettung derer, die ihn erwarten.« (Hebräer 9,26–28) Und im Römerbrief (5,20–21) sagt Paulus: »Wo aber die Sünde mächtig geworden ist, da ist die Gnade noch viel mächtiger geworden, damit, wie die Sünde geherrscht hat durch den Tod, so auch die Gnade herrsche durch die Gerechtigkeit zum ewigen Leben durch Jesus Christus, unsern Herrn.«

Das sind Glaubensaussagen, die den Televangelisten nicht ins Konzept passen. Sie predigen tatsächlich eine heidnische Gottesvorstellung: Wenn ich einen Regentanz aufführe, wird der Regengott es regnen lassen. Wenn ich dem Fernsehprediger Geld überweise, werde ich von meiner Krankheit geheilt werden. Genesis hat die Strategie der Televangelisten, die Botschaft Christi im Interesse ihrer Geldgier zu pervertieren, punktgenau entlarvt, nutzt in *Jesus He Knows Me* aber die Stilmittel von Parodie, Ironie und Satire, um einen typischen Vertreter dieser Branche auf humorvolle Weise der Lächerlichkeit preiszugeben. Der wahren Botschaft Christi tun sie etwas Gutes, indem sie falsche Propheten entlarven. Das kann man auch erwarten von einer Band, die sich nach dem biblischen Buch der Schöpfungsgeschichte benannt hat.

V. E.

18.

Gottlose Verhältnisse sind menschenfeindlich: **TESTAMENT** von Sarah Lesch

Genre: Protestlied

Komposition/Text, Interpretin: Sarah Lesch

Erscheinungsdatum: 2015 auf dem Album *Von Musen und Matrosen* (Rummelplatzmusik)

Auszeichnungen: 1. Platz beim Protestsong-contest; 2. Platz beim Udo-Lindenberg-Hermann-Hesse-Panikpreis; 1. Platz beim Troubadour Chanson & Liedwettbewerb; Förderpreis für junge Songpoeten der Hanns-Seidel-Stiftung; Förderpreis des Kleinkunstpreises Baden-Württemberg; Förderpreis zum Lessing-Preis des Freistaates Sachsen

Das sechs Minuten lange Lied *Testament* aus dem Jahr 2015 ist das bekannteste Lied der Liedermacherin Sarah Lesch. Die 30-jährige Mutter schrieb es als ein Vermächtnis für ihren elfjährigen Sohn Belay Stephan. Sie schrieb das Lied, »um ihm etwas Gutes mitzugeben auf dem Weg«, als sie ihn notgedrungen dem »System« Schule ausliefern musste: »Ich dachte, es wäre gut, ihm mitzugeben, dass er immer seinem Gefühl vertraut und vielleicht auch was sagt, wenn er das Gefühl hat, ey, Leute, irgendwie zieht's hier, und vielleicht sagen die anderen, mir zieht's auch und lasst uns mal das Fenster zumachen.«[82]

Das Lied ist ein echter Protestsong. Ein Motiv des Lieds – und das ist der Bezug zu ihrem Sohn – besteht darin, dass Kinder noch unverdorben sind, sich noch spüren, ein Gefühl für Welt haben, sogar klüger als Erwachsene sind, bevor sie durch die Schule verbogen werden. Sarah Lesch singt aus der Perspektive der Erwachsenen. Sie erinnert uns daran, dass wir auch einmal Kinder waren. Aber wir mussten uns anpassen und einfügen in die Erwachsenenwelt, und dabei gingen uns Empfindungen verloren.

Stattdessen flüchten wir uns in materiellen Konsum und machen berufliche Karrieren, um Geld zu verdienen, das wir für noch mehr Konsum verwenden. Diese gesellschaftskritische Analyse wird in mehreren Strophen ausgeführt. Jede Strophe wird mit einem Vers beendet, der so etwas wie einen Refrain darstellt: Die Götter lachen über uns. Und zwar richtig. Und Sarah Lesch bringt Humor in das Lied, indem sie ganz respektlos und in immer neuen Varianten singt, wie die Götter uns auslachen. Sozusagen schenkelklopfend.

Immer wieder kontrastiert sie die unverdorbenen, freimütigen Kinder mit den gesellschaftlich angepassten Erwachsenen. Die Kinder werden in der Schule gedrillt und nachmittags mit stumpfsinnigen Fernsehsendungen und Konsumartikeln ruhiggestellt. Ein Kind, das trotzdem noch lebendig ist, gilt als »Problemkind« und muss sediert werden – man versteht, dass sie Ritalin meint.

Der Soziologe Norbert Elias hatte aufgezeigt, dass wir lernen müssen, unsere Triebe und Affekte zu kontrollieren, damit das Zusammenleben in einer hochkomplexen Gesellschaft funktioniert. Die Sängerin kritisiert genau diesen Zwang zur Selbstkontrolle. Sie stellt den Kindern, die es schaffen, »Freigeister« zu bleiben, die Lehrer und Eltern entgegen, die sie als »gefangene Geister« bezeichnet. Tatsächlich entwickeln die Erwachsenen, die die gesellschaftlichen Normen erfüllen, alle möglichen Neurosen, für deren Bewältigung sie wieder Rezepte erfinden müssen. *Testament* klingt somit wie eine zeitgemäße Version des Beatles-Songs *Getting Better* aus dem Jahr 1967, in dem Paul McCartney mit bitterer Ironie besingt, wie Kinder verbogen werden, um sich dann als empathielose Erwachsene gegenseitig seelische und körperliche Grausamkeiten anzutun.

Sarah Leschs Kapitalismuskritik fokussiert sich weniger, wie bei Protestsongs aus den 1960er- und 1970er-Jahren, auf soziale und ökonomische Aspekte, sondern auf psychologische und kulturelle Elemente. Der Kapitalismus erschafft eine Scheinwelt, in der die Menschen bis zum Burn-out für »imaginäre Zahlen« arbeiten und sinnlosen Konsum anstreben, anstatt ihre wahren Bedürfnisse zu erfüllen. Das ist eine Kritik an der entfremdeten Arbeits- und Konsumgesellschaft, die der Soziologe Herbert Marcuse in seinem 1964 erschienenen Buch *Der eindimensionale Mensch* theoretisch formuliert hatte und die auch von zahlreichen konsumkritischen Protest- und Rocksongs aufgegriffen wurde – denken wir an *Satisfaction* von den Rolling Stones, *Mercedes Benz* von Janis Joplin oder *Money* von Pink Floyd.

In gewisser Hinsicht setzt Sarah Lesch aber noch eins drauf. Die Soziologen der Frankfurter Schule haben in den 1960er-Jahren beklagt, dass die Menschen durch Werbung und Massenmedien derart manipuliert werden, dass sie gar nicht merken, wie sehr sie sich von ihren wahren Bedürfnissen entfremden. Lesch singt dagegen, dass wir es schon merken. Wir leiden sogar darunter, dass wir uns für unsere Karrieren abrackern, nur um uns mit Konsumgütern einen kurzen Glücksmoment zu erkaufen. Aber trotzdem machen wir mit und lassen uns von der Werbung weiter für dumm verkaufen. Wenn das die Welt sein soll, singt die Sängerin, die gern auch mal etwas schräg daherkommt, dann ist sie stolz darauf, »weltfremd« zu sein. Und wieder lachen die Götter sich schlapp.

Die Mächtigen innerhalb der kapitalistischen Maschinerie klagt Sarah Lesch als Wertpapierverkäufer, Traumverkäufer, Rattenfänger, Heuchler, Lügner und Symptomdesigner an. Sie sind ja sogar (von Gott?) mit »Geist und Gefühl« ausgestattet worden, sind auch einmal unbekümmerte, weltoffene Kinder gewesen, aber das System hat sie zu Mitläufern gemacht und zum Schweigen verurteilt. Und dann variiert sie den

Refrain: Die Mächtigen können kein Lachen mehr hören, sie haben keine Empfindung mehr für Freude bei anderen Menschen. Sie können auch das Weinen der Kinder nicht mehr hören. Sie haben jegliche Empathie, jegliches Gefühl eingebüßt. Und, schlimmer noch, sie sind in ihrer Fokussierung auf das Optimieren betriebswirtschaftlicher Kennzahlen derart emotional abgestumpft und philosophisch verarmt, dass sie nicht mehr zu kritischer Selbstreflexion fähig sind. In Sarah Leschs Ausdrucksweise heißt das, dass sie das Lachen der Götter nicht mehr hören.

Aber es kann nicht bei der Diagnose der gesellschaftlichen Entfremdung bleiben. Die Sängerin will sich selbst dem System verweigern. Sie, die Weltfremde, schart andere Unangepasste um sich, um gegen dieses gesellschaftliche System zu rebellieren. Und sie hofft darauf, dass irgendwann die Götter keinen Grund mehr haben, über die Menschen zu lachen.

Wenn das Lied einen Refrain aufweist, dann ist es der Bezug auf »die Götter« am Ende jeder Strophe. Und was machen die Götter? Sie lachen über die Menschen, und sie lachen herzhaft. Sie lachen sich krumm, sie lachen sich schief, sie pullern sich sogar ein vor lauter Lachen. Und warum lachen sie? Die Götter lachen über das Unglück, das sich die Menschen selbst zufügen. Sarah Leschs Götter sind nicht liebevoll, sie sind auch nicht strafend. Sie greifen nicht in den Lauf der Welt ein. Nein, sie sind einfach hämisch, schadenfroh. Und das kann man als pädagogischen Kunstgriff der Sängerin ansehen: Die Manager in ihren Business-Anzügen machen sich mit ihrem Verhalten lächerlich, wie Clowns in einer Manege, und das göttliche Publikum kriegt sich nicht ein vor Lachen.

Wie kommt die Sängerin zu einem solchen Götterbild? Sarah Lesch ist in einer Familie aufgewachsen, in der man nicht an Gott glaubte, wo man dem Kind sogar erzählte, es solle diesen Quatsch nicht glauben. Die Religion, die Sarah als Kind kennenlernte, vermochte sie auch nicht anzusprechen, denn dunkle und kalte Kirchen jagten ihr Furcht ein. Aber Sarah Lesch ist auch ein Beispiel dafür, dass Menschen ein spirituelles Bedürfnis haben, wie insbesondere der Philosoph Arthur Schopenhauer feststellte. Wo ist die Ursache hinter den Ursachen? Wer steht hinter der Welt? In einem Interview hat Sarah Lesch ihr spirituelles Bedürfnis nach der Welterklärung in ganz einfachen Worten formuliert: »Immer wenn ich Pläne mache und denke, das muss jetzt genauso funktionieren, dann passiert immer kurz vorher irgendwas, dass es nicht klappt, und dann habe ich es mir immer so vorgestellt, dass da so'n dicker, freundlicher, lachender Gott an so 'nem Rädchen sitzt und dreht, genau dann: ›Nö, hahaha, Schätzchen, jetzt noch nicht!‹«[83]

Ein freundlicher Gott, der wie ein besorgter Vater darüber wacht, dass die Menschen nicht übermütig werden, steht durchaus der christlichen Vorstellung eines liebenden und verzeihenden Gottes nahe, auch wenn sich Sarah Lesch, als sie diese Äußerung vornahm, nicht zum christlichen Glauben bekannte, sondern noch auf der Suche nach Spiritualität war. Aber Sarah Leschs persönlicher Gott hat auch Humor. Und Schadenfreude.

Die Gottesvorstellung in dem Lied *Testament* weicht dann aber doch etwas von dem persönlichen Gottesbild der Sängerin ab. Denn hier wird von Göttern im Plural gesprochen, sodass man sofort an eine polytheistische Götterwelt denkt, etwa die der antiken Griechen und Römer. Und diese Götter waren alles andere als freundlich. Untereinander waren sie, wie wir bei Hesiod und Homer lesen können, zänkisch, neidisch, eifersüchtig und missgünstig. Sie belogen und betrogen sich. Und die Menschen schickten sie in Troja in einen Vernichtungskrieg, der keine Sieger kannte. Ja, solche Götter konnten mit Schadenfreude über das Unglück der Menschen lachen.

Aber eigentlich geht es in dem Mini-Refrain gar nicht so sehr um Gott oder die Götter. Es geht vielmehr um die Menschen. Der Schöpfer hat uns Menschen, wie Sarah Lesch singt, mit Geist und Gefühl versehen, aber was machen wir daraus? Wir setzen alles daran, uns das Leben selbst schwer zu machen. Das ist ein alttestamentlicher Gedanke. Als Gott sah, dass alles Sinnen und Trachten im Herzen der Menschen immer nur böse war, schickte er die Sintflut, um die Menschheit von der Erde zu vertilgen, bis auf den gerechten Noah (Genesis 6,5–8). Aber genützt hat es nicht. Auch nach der Sintflut weiß Gott, dass die Bosheit der Menschen kein Ende nimmt. Aber er will sie nicht mehr schlagen; stattdessen soll die Welt in ihrer Unvollkommenheit weiterbestehen (Genesis 8,20–22). Und die Mächtigen kommen im Alten Testament besonders schlecht weg. Die Könige werden insbesondere von Propheten wie Amos oder Jeremia geradezu bewertet. Erhard Gerstenberger hat gezählt, dass in 24 Fällen ein negatives Urteil verhängt wird; einige wenige erhalten ein »mit Einschränkung gut«; lediglich die Könige Hiskia und Josia erhalten eine volle Anerkennung.[84] Sarah Lesch reiht sich mit *Testament* ein in die Linie der Propheten, die die Menschen und deren Herrscher kritisieren.

Im Lied *Testament* hört man die Götter nicht immer lachen. Nach der Strophe über die Herren des kapitalistischen

Systems singt Sarah Lesch, dass sie die Götter nicht mehr lachen hören können. Das sind Menschen, die so abgrundtief gottlos sind, dass sie keinerlei höhere Botschaft mehr wahrnehmen. Und von den Menschen, die sie knechten, ist erst recht kein Lachen zu hören. In diesem kleinen Vers liegt philosophischer Tiefgang. Menschen, die nachdenken, stellen sich unweigerlich die drei Grundfragen des Lebens: Woher kommen wir? Wozu leben wir? Wohin gehen wir? Logisch-rational lassen sich die Grundfragen des Daseins nicht beantworten – die Logik führt sich selbst ad absurdum, weil auch das Universum einen Anfang und einen Grund haben muss, weil das menschliche Bewusstsein sein Ende nicht denken kann und weil ein ethisches Verhalten, wie es Immanuel Kant formulierte, nicht ohne die unsterbliche Existenz und eine Vergeltung nach dem Tod möglich sein kann.

Wer diese philosophischen Fragen nicht durchdenkt, wer keine spirituelle Lösung dieser Fragen akzeptiert, kann nur destruktiven Tendenzen von Nihilismus, Egoismus und Hedonismus anheimfallen. Und genau das ist es, was Sarah Lesch den Kapitänen des Kapitalismus vorwirft: Sie bereichern sich aus egoistischen Motiven und beuten die Bevölkerung aus. Weil sie keinen Sinn und keine Werte haben, haben sie auch keine Moral und kein Gewissen. Und sie sorgen dafür, dass die Masse der Bevölkerung ebenfalls keinen Sinn und keine Werte kennt, sodass sie sich mit hedonistischem Konsum betäubt. Schließlich, nach der letzten Strophe, wenn die Unangepassten das System gesprengt haben, heißt es, dass die Götter dann nicht mehr lachen – nämlich dann, wenn die Menschen ihren Sinn und ihr Glück gefunden haben und es keinen Grund mehr für die Schadenfreude der Götter gibt.

Die Sängerin will das Lied *Testament,* das sie selbst als »unhandlich« bezeichnet, ihrem Sohn als Vermächtnis hinterlassen. Das Wort »Testament« wird erst seit dem 15. Jahrhundert, als das antike römische Recht in Deutschland eingeführt wurde, für die letztwillige Verfügung eines Erblassers verwendet. Viel älter ist die Verwendung des lateinischen »testamentum« (= etwas Bezeugtes) für die lateinische Bibel, und das war eine Übersetzung des griechischen διαθήκη (diatheke) aus der Septuaginta, was wiederum eine Übersetzung des hebräischen Worts בְּרִית (berit) war. »Berit« bezeichnete den Bund, den Gott auf dem Berg Sinai den Israeliten angeboten hat und den diese mit ihm schlossen (Exodus 19,5–8). Die hebräischen Schriften zu diesem Bund werden als »Altes Testament« bezeichnet, während der Begriff »Neues Testament« für die Erneuerung dieses Bundes steht, die Jesus Christus vorgenommen hat.

Eine Art Bund zwischen Gott und den Menschen schlägt auch Sarah Lesch mit ihrem Lied vor. Die Menschen sollen mit ihrem geistlosen Konsumstreben und der kapitalistischen Geschäftemacherei aufhören. Sie sollen sich nicht länger sinnlosen Regeln unterwerfen. Sie sollen ihre Freiheit bewahren, ihre Kreativität und ihre Sensibilität. Und wenn sie das tun, werden auch die Götter nicht mehr über sie lachen. Sarah Lesch geht es in ihren Liedern um Werte, Gerechtigkeit, Frieden, Wahrheit und Solidarität. Sie singt gegen sexuelle Gewalt und gegen Queer- und Transfeindlichkeit. Sie setzt sich für Flüchtlingsretter ein. Und ausgerechnet dieser politisch engagierten Sängerin passiert es, dass diejenigen, die exakt auf der entgegengesetzten politischen Seite stehen, nämlich Rechtsradikale, ihr Lied *Testament* aufgreifen. Die Sängerin hat sofort klargestellt, dass die Rechten ihr

Lied nicht für die Verbreitung ihres »rassistischen und menschenverachtenden Gedankenguts« benutzen können und ihnen fotografisch den Stinkefinger gezeigt.[85] Sie kann sich damit trösten, dass Bruce Springsteen schon einmal etwas Ähnliches passiert ist, dessen gesellschaftskritischer Song *Born in the U.S.A.* genau von den erzkonservativen Politikern missbraucht worden ist, die er anklagt.

V. E.

19.

Das Böse steckt in dir und mir:

SYMPATHY FOR THE DEVIL

von The Rolling Stones

Genre: Rock

Komposition/Text: Mick Jagger / Keith Richards

Interpreten: The Rolling Stones

Erscheinungsdatum: 1968 auf dem Album *Beggars Banquet* (Decca)

Auszeichnungen (Remix von 2003): Nr. 1 in den Charts in den USA und UK; 6x Platin, 1x Gold in verschiedenen Ländern

Mick Jagger scheint es zu genießen, sich einen schwarz-roten Umhang umzuwerfen und in die Rolle des Leibhaftigen zu schlüpfen. Zu Samba-Trommeln und sparsam, aber bedeutungsschwer gesetzten Klaviertönen stellt sich der Teufel formvollendet und in geschliffener Sprache als kultivierter Herr vor, der über Reichtum und Stil verfügt. Aber er lässt keinen Zweifel daran, was seine Mission ist: den Menschen die Seele und den Glauben zu stehlen. Später wird er einfordern, dass man ihm Sympathie entgegenbringen und ihm mit ausgesuchter Höflichkeit begegnen soll. Falls nicht, wird er deine Seele der Vernichtung preisgeben.

Sind die Rolling Stones unter die Satanisten gegangen? Ihr Lied *Sympathy for the Devil* wäre die offizielle Hymne der ›Church of Satan‹, ist auf manchen evangelikal-fundamentalistischen Websites zu lesen.[86] Das stimmt natürlich nicht. Die Hymne der »Church of Satan« ist von ihrem Gründer Anton LaVey komponiert worden und auf CD zum Preis von 16,66 Dollar erhältlich. Der Religionswissenschaftler Hugh B. Urban bezeichnet dies als »Parodie«. Aber auch der Musikwissenschaftler Stanley Sadie, ehemaliger Präsident der Royal Musical Association, schrieb, dass es sich bei Rockmusik um eine »Unterwerfung unter den Teufel« handele.[87] Wenn die Rolling Stones »Sympathie für den Teufel« fordern – ist das nicht Satanismus pur?

Als Erstes ist es ein großes Missverständnis. Mick Jagger hatte den sowjetkritischen Roman *Der Meister und Margarita* von Michail Bulgakow gelesen, und darin erscheint der Leibhaftige als kultivierter, eleganter Herr, der aber kein Jota weniger grausam ist als der Gehörnte mit den Bocksfüßen. Bulgakows Teufel lässt Menschen töten, verschwinden oder in psychiatrische Kliniken einweisen. Mit schwarzer Magie erzeugt er im Moskau der 1930er-Jahre chaotische Situationen, die demonstrieren, dass die Menschen ihre Gier nach Geld, modischem Firlefanz und sexuellen Ausschweifungen auch in der kommunistischen Gesellschaft nicht verloren haben. Der schwarz gekleidete kultivierte Herr versucht, die Moskauer von der Existenz Gottes und des Teufels zu überzeugen, was ihm aber nicht gelingt, weil die kommunistische Regierung die von ihm erzeugten Phänomene als Massenhypnose abtut. Am Ende sorgt Jesus dafür, dass der Teufel die unglücklichen Hauptpersonen des Romans, den »Meister« genannten Schriftsteller und seine Geliebte Margarita, im Limbus unterbringt, der von Dante beschriebenen Vorhölle für die ungetauften, aber gerechten Menschen, wo sie ein angenehmes Dasein in einem Haus unter einem blühenden Kirschbaum fristen.

Auch Mick Jaggers Luzifer ist kultiviert und grausam: Er war dabei, als Jesus Christus seinen Moment des Zweifels hatte, er sorgte dafür, dass sich Pilatus seine Hände in Unschuld wusch und sein Schicksal besiegelte. Er hat den Zaren getötet, er ist in Kriegen Panzer gefahren und hat als General den Blitzkrieg befehligt. Er hat Machthaber dazu gebracht, Kriege anzufangen für die Götter, die sie selbst geschaffen hatten. Er hat die Kennedys getötet, hat auch den Beatles und den Beach Boys Fallen gestellt, als diese zum

Maharishi nach Indien pilgerten. Und dieser Teufel fordert auch noch, dass man ihm Höflichkeit entgegenbringt, Kultiviertheit und Sympathie, denn ansonsten werde er deine Seele verwüsten.

Entgegen der Vermutung, die der Songtitel nahelegt, fordert der Sänger selbst mitnichten Sympathie für den Teufel – er schlüpft lediglich in dessen Rolle. Es ist der Teufel selbst, der Sympathie für sich einfordert. Und das macht das Böse noch perfider als die klassischen Darstellungen des Teufels mit Hörnern und Bocksfüßen. Der kultiviert auftretende Teufel, der gute Manieren fordert, ist der Satan aus dem 2. Korintherbrief 11,14: »denn er selbst, der Satan, verstellt sich als Engel des Lichts«. Der Text lässt nicht den geringsten Zweifel daran, dass Luzifer die Verkörperung des Bösen ist. *Sympathy for the Devil* nimmt das klassische Motiv des christlichen Glaubens auf, dass der Teufel der Widersacher Gottes und für das Böse verantwortlich ist, das in die Welt gebracht wird. Der Teufel der Rolling Stones ist der Teufel des Neuen Testaments: »Wer Sünde tut, der ist vom Teufel; denn der Teufel sündigt von Anfang an« (1. Johannes 3,8). *Sympathy for the Devil* ist kein satanistischer Song, im Gegenteil, er überträgt das traditionelle christliche Teufelsmotiv in die musikalische Form eines Rocksongs.

Interessant ist, dass *Sympathy for the Devil* einen tanzbaren, rockigen Samba-Rhythmus hat. Wieso gerade Samba? *Sympathy* wurde zunächst als einfacher Folksong komponiert, der dann im Studio zum Rocksong mutierte. Zwei Nächte lang probierten die Stones sechs verschiedene Rhythmen aus, bis sie sich für die Bongo-Samba-Version entschieden. Nach Jaggers Auffassung wies Samba eine »primitive« afrikanisch-südamerikanische Unterströmung auf, die den Rhythmus für Weiße ein wenig unheimlich machte.[88] Seine damalige Partnerin Marianne Faithfull sagte dazu, dass der Samba-Rhythmus auch eine kleine Rache dafür darstellte, dass die Stones zuvor im brasilianischen Salvador da Bahia wegen ihrer langen Haare, ihres Drogenkonsums und ihrer Exzentrik nicht sehr freundlich aufgenommen worden waren.

Das Lied beginnt tatsächlich mit afrikanisch klingenden Bongo-Trommeln. Dazu ertönen dämonische Schreie, bevor dann der Gesang einsetzt. Das Klavier gesellt sich hinzu, dann der Bass. In der zweiten Strophe mischt sich ein Chor von geisterhaften Stimmen ein, die zur höllischen Atmosphäre passen. Die E-Gitarre ist zum ersten Mal nach 2 Minuten 48 Sekunden zu hören, in Form eines schrillen Solos aus hohen, abgehackten Tönen. Der Song hat nun deutlich an Dynamik gewonnen. Im Refrain legt Mick Jagger noch mehr Ausdruckskraft in seine Stimme. Wieder verwendet die Teufelsfigur die Höflichkeitsfloskeln der kultivierten englischen Sprache, um festzustellen, dass die Menschen darüber rätseln, was der Sinn seines Spiels ist. Aber das Rätsel wird bereits in der nächsten Strophe gelöst, die den philosophischen Höhepunkt des Songs darstellt. Der altertümliche, vielleicht etwas naive Antagonismus von Gott und seinem Widersacher wird transformiert in die zwiespältige Natur des Menschen: Jeder Polizist ist ein Verbrecher, und alle Sünder sind Heilige. Jeder Mensch trägt das Gute und das Böse zugleich in sich. Und deshalb war es nicht nur der Teufel, der die Kennedys ermordet hatte, sondern zugleich auch »du und ich«.

Seinerzeit löste der Song Schnappatmung bei christlich-fundamentalistischen Gläubigen aus. Seriöse Theologen erkennen und benennen mittlerweile seine theologische

Tiefe. So wie Gerhard Ulrich, bis 2019 Landesbischof der evangelischen Nordkirche. Er interpretierte den Song sehr wertschätzend, weil er die »Realität des Bösen« beschreibt, die in uns allen steckt: »Die Verführungen des Teufels stehen stets neben uns, bieten sich uns an, strecken ihre charmanten Hände aus: Du kannst Macht bekommen, wenn du die andern vergisst, kannst berühmt werden, wenn du nur an dich denkst.« Der Teufel sei »der Verführer, der Diabolos, der ›Durcheinanderwerfer‹ im Sinne von Verwirrer, Faktenverdreher«. Der Landesbischof geht in seiner politischen Interpretation des Songs sogar noch über die Rolling Stones hinaus. Wenn der Teufel uns dazu verführt, Kriege zu führen und im Interesse unserer Aktienrendite Entwicklungsländer auszubeuten, dann müssen wir uns gegen ihn »erheben, protestieren, kämpfen: auch gegen das Establishment, in dem er steckt, und von dem wir zugleich auch ein Teil sind.«[89] Das Böse, sagte der Bischof, steckt auch in politischen Strukturen. Es stecke in einer Politik, die menschliche Werte zugunsten von Macht und Reichtum opfere. Wer dagegen seine Stimme nicht erhebe, mache sich mitschuldig: »It was you and me.«

Der Mensch ist gut und böse zugleich. Dieses Motiv hat Mick Jagger als der Texter der Rolling Stones auch in anderen Songs aufgegriffen, zum Beispiel in *Jig-Saw Puzzle,* wo der Mörder auch ein Familienmensch und die Bischofstochter eine Ausgestoßene ist, die den Stadtstreicher um seine Freiheit beneidet. Der Mörder wird sogar als »religiös« bezeichnet und zugleich als Gesetzloser. Im Jahr 1968 waren solche Töne unerhört, und teilweise sind sie es noch heute. Mörder sollen gottesfürchtige Familienväter sein? Und Polizisten Verbrecher? Sünder, verworfene Menschen, zugleich Heilige? Die bürgerliche Gesellschaft kannte zur Zeit des Kalten Krieges nur

Schwarz und Weiß, keine Schattierungen von Grau. Entweder war man ein braver, gesetzestreuer Bürger, der fleißig seiner Arbeit nachging, für seine Familie sorgte, sonntags die Kirche besuchte und die Sünde mied, oder man war Kommunist oder Verbrecher oder beides. Die jungen Leute in den 1960er-Jahren wussten, dass dies Heuchelei war. Auch die »Guten« führten bösartige und grausamste Kriege, damals, im Jahr 1968, in Vietnam. Die »braven Bürger« misshandelten ihre Frauen und verstanden nicht die Sorgen ihrer Kinder. Sie wetterten gegen Marihuana und LSD, betäubten sich aber selbst mit Alkohol und Valium. Sie predigten die jungfräuliche Ehe, reagierten sich aber selbst an Prostituierten, Mitarbeiterinnen und Schutzbefohlenen ab.

Sympathy for the Devil entlarvt die Scheinheiligkeit, ohne selbst Partei zu ergreifen. Wir alle haben Schuld auf uns geladen, denn in uns allen steckt das Böse. Aber auch das Gute, das lässt Mick Jagger sogar den Teufel selbst sagen. Krieg wird in diesem Song verurteilt, und zwar in jeder Form. Es gibt keine gerechten Kriege, denn die Götter, auf die sich die Machthaber berufen, haben sie ja selbst gemacht. Das wirkt wie Feuerbachs Religionskritik in einem Vers. Politische Gewalt wird verurteilt. Als die Stones schon im Studio waren, erhielten sie die Nachricht von der Ermordung des US-Präsidentschaftskandidaten Robert F. Kennedy, der den Vietnamkrieg beenden wollte. Auch das ein Werk des Bösen im Menschen.

Der Song endet mit einem fast zwei Minuten langen Outro. Darin ist ein höllisch anmutender Chor zu hören, Keith Richards' E-Gitarre und ein Mick Jagger, der die Drohungen des Teufels aus sich herausschreit. Das sind zwei Minuten, in denen man über den Text reflektieren kann. Reflektieren kann man zum Beispiel darüber, welche Parallelen dieser Rocksong zur Botschaft Jesu aufweist. Hatte nicht auch der Rabbi Jeschua einst in Galiläa die Scheinheiligkeit verurteilt? Hatte er nicht auch Frieden gepredigt? Hatte er nicht auch Ausgestoßene und Sünderinnen zu sich aufgenommen? Handelt nicht auch die christliche Botschaft davon, dass Menschen unvollkommen sind, dass sie Potenziale für das Gute und das Böse zugleich in sich tragen? Es war zuweilen auch das Rebellische des Wanderpredigers Jesus von Nazareth, das die rebellische Generation der 68er angespornt hat. *Sympathy for the Devil* ist ein Lied über das christliche Motiv des Bösen in der Welt, das zugleich politisiert, weil sich das Böse auch in der Politik äußert und weil wir alle nicht gegen das Böse in uns gefeit sind. Und wer meint, selbst alles richtig zu machen, macht sich der Selbstgewissheit und des Hochmuts schuldig; den hatte Jesus eindringlich kritisiert: »Was siehst du den Splitter in deines Bruders Auge, aber den Balken im eigenen Auge nimmst du nicht wahr?« (Lukas 6,41)

Aber hatte Mick Jagger nicht doch ein bisschen mit dem Satanismus geliebäugelt, als er mit dem Filmemacher Kenneth Anger[90] abhing, der vom Okkultismus fasziniert war? Tatsächlich hat Jagger für Angers Film *Invocation of My Demon Brother* den Soundtrack beigesteuert – viel Mühe hatte er sich dabei allerdings nicht gemacht, wenn fast elf Minuten lang drei auf dem Synthesizer gespielte Töne stupide wiederholt werden. Das Spiel mit dem Satanistischen gehörte zur antibürgerlichen Provokation dieser Zeit. Der Titel des Albums *Their Satanic Majesties Request* war nichts als eine böse Satire auf die Formel »Her Britannic Majesty's Secretary of State requests« im britischen Pass. Aber wenn es darauf ankam, hatte Jagger seine Sinne beisammen. Die Hauptrolle in Angers Film *Lucifer Rising* lehnte Jagger ab, weil er nicht »jedermanns Luzifer« sein wollte. Und weil Satanisten *Sympathy for the Devil* bewusst missverstanden, um es für ihre Zwecke zu nutzen, haben die Stones das Stück viele Jahre lang nicht mehr live gespielt.

Die junge Generation hat in den Jahren um 1968 viel Böses in der Welt gesehen. Die Rolling Stones haben es aufgenommen und zum Thema vieler Songs gemacht. *Sympathy for the Devil* handelt von der Ambivalenz des Guten und Bösen in der Welt und im Menschen. Um diese Ambivalenz zu beschreiben, greifen sie auf den ganz traditionellen christlichen Gegensatz von Gott und seinem Widersacher zurück. Und die Stones lassen keinen Zweifel, wo sie stehen. Der Teufel ist in dem Lied die Verkörperung von Mord und Krieg. Er mag um Sympathie für sich bitten – doch er bekommt sie nicht. Und Jaggers schwarz-roter Umhang ist so ernst gemeint wie ein Karnevalskostüm. Wirkliche Sympathie empfinden Mick Jagger und die Rolling Stones für die Seite des Guten, für das es sich auch lohnt, die gesellschaftlichen und politischen Verhältnisse zu bekämpfen, die für das Böse verantwortlich sind. *Sympathy for the Devil* ist in Wirklichkeit also »Sympathy for God« – auch wenn diese Formulierung den bösen Buben des Rock garantiert wieder zu pathetisch klingen würde.

V. E.

20.

Zur Hölle mit Ansage:
HIGHWAY TO HELL
von AC/DC

Genre: Hard-Rock

Komposition/Text: Bon Scott / Angus Young / Malcolm Young

Interpreten: AC/DC

Erscheinungsdatum: 1979 auf dem Album *Highway to Hell* (Albert/Atlantic)

Auszeichnungen: 19x Platin, 5x Gold in verschiedenen Ländern; The 500 Greatest Albums of All Time des Rolling Stone u. a.

Den *Highway to Hell* gibt es wirklich. So nennen die Einheimischen den Canning Highway, der vom westaustralischen Freemantle, wo der AC/DC-Sänger Bon Scott wohnte, zu seiner Lieblingskneipe, dem *Raffles,* führt. Denn kurz vor dem *Raffles* geht es steil bergab auf eine Kreuzung zu, wo es entsprechend häufig kracht. Bon Scott ist diese Straße viel zu oft gefahren, von Alkohol und Drogen benebelt, und er ist das Gefälle, wie er in dem Lied singt, mit seinem Porsche 911 viel zu schnell heruntergerast. Geschwindigkeitsbegrenzungen und Stoppschilder hat er ignoriert. Und im *Raffles,* seiner Hölle, die die Endstation des Highways bildet, hat er viel zu viel getrunken. Bon Scott liebte den Witz, dass die Straße zur Hölle, wenn er sie nach halsbrecherischer Fahrt wieder einmal überstanden hatte, damit endete, dass er mit seinen Kumpels ein paar Gläser kippte. Die Hölle, zu der der Highway führte, war die Bar des *Raffles.* Und sie erschien ihm wie das Paradies – also war es doch besser, in der Hölle zu landen als im langweiligen Himmel.

Die australische Punkband AC/DC hatte den Song und das gleichnamige Album bewusst geplant, um sich auf das Level einer Hard-Rock-Band zu heben. Dazu entwickelten die Young-Brüder passende Gitarren-Riffs, und der Sänger Bon Scott schrieb Texte, die nahezu ausschließlich von Sex und Partys handeln: »Sin sells« – »Sünde verkauft sich gut«. Der Titelsong macht keine Ausnahme.

In der ersten Strophe feiert der Sänger sein Lotterleben, Partys, Kumpels und die freie Liebe. Er lässt nichts anbrennen, stößt keine von der Bettkante. Er weiß, dass das ein Ticket ohne Rückfahrt ist. Aber er braucht weder Sinn noch Verstand. Er ist mit voller Absicht auf der Straße zur Hölle unterwegs, die hier doppeldeutig ist: einerseits der Canning Highway, der ihn zu seiner Lieblingskneipe führt, und andererseits ein Lebensweg, der kein gutes Ende nehmen wird. Die Doppeldeutigkeit wird in der zweiten Strophe fortgesetzt. Wenn Scott singt, dass er sich von keinen Verkehrsschildern und überhaupt niemandem bremsen lässt, dann bezieht sich das sowohl auf die Raserei auf dem Canning Highway als auch darauf, dass er keinen Ratschlag annimmt, der ihn davor warnen will, sein Leben vor die Wand zu fahren. Sein Lebensstil ist auch eine späte Befreiung von der elterlichen Erziehung. Er will sich nicht mehr herumschubsen lassen.

Und dann kommt auch der Teufel ins Spiel. Scott ruft Satan an und versichert ihm, dass er seinen Teil des Pakts leisten werde. Dazu gehört auch das Singen in einer Rockband. Dann verkündet der Sänger seiner Mutter, er sei auf dem Weg ins gelobte Land, das er zynisch mit der Hölle gleichsetzt. Dazu passt, dass Scott im Musikvideo beim Singen der beiden Strophen ein verzücktes Gesicht macht, das an Jesus People erinnert, wenn diese ihre Erweckungserlebnisse beschreiben. Nach dem Solo wirkt Scotts Stimme allerdings immer bedrohlicher, und wenn zum letzten Mal *highway to hell* erklingt, röchelt er, als ob er schon das Höllenfeuer spüren würde.

Der Songtext sollte sich auf tragische Weise als realistisch erweisen. Keine sieben Monate später war Bon Scott tot. Die

Sterbeurkunde nennt als Todesursachen »akute Alkoholvergiftung« und »Tod durch Missgeschick«. Scott war mit einem Kumpel in einer eiskalten Londoner Februarnacht auf Sauftour gewesen und anschließend in dessen Auto eingeschlafen, ohne wieder aufzuwachen. Der Sänger war – wie zuvor schon Brian Jones, Janis Joplin, Jim Morrison und Jimi Hendrix – an seinem Lebensstil zugrunde gegangen und hatte das sogar ein halbes Jahr zuvor mit einem Lied angekündigt.

Es ist gut möglich, dass Scott tatsächlich glaubte, zur Hölle verdammt zu sein. In seiner schottischen Heimat war er als Kind nach protestantisch-presbyterianischen Werten wie Demut, Bescheidenheit, Fleiß, Ehrlichkeit und Mäßigung und mit Warnungen vor den Versuchungen des Teufels und Drohungen mit dem Höllenfeuer erzogen worden. In dem autobiografischen Lied *Rock 'n' Roll Singer* singt er davon.

Er macht sich darin lustig über den Nine-to-Five-Job seines Vaters. Seine Eltern wollten, dass er Ansehen als Arzt oder Anwalt erwerben würde. Aber als er nur »halb lebendig« war, entschied er sich, was aus ihm werden sollte. Er schmiss die Schule und ließ sich die Haare lang wachsen. Er wollte ein Rock 'n' Roll-Star werden. Seinen Eltern, die mit ihrer Familie nach Australien auswanderten, machte Bon tatsächlich manchen Kummer. Er verließ die Schule mit 15 Jahren, um sich mit Gelegenheitsjobs durchzuschlagen. Zweimal saß er wegen diverser Vergehen im Gefängnis. Er galt als »sozial unangepasst«. Selbst die Armee weigerte sich, ihn aufzunehmen. Damit hatte er beste Voraussetzungen für eine Karriere als Rock 'n' Roll-Sänger.

Er singt weiter, dass er den Teufel in seinem Blut hat, der ihm sagt, was er zu tun hat. Und Bon Scott ist ganz Ohr. Ja, es muss der Teufel sein, der ihn reitet. Und Scott hat Spaß daran, denn er verachtet das bürgerliche Leben mit seinen geregelten Arbeitszeiten, seinen Business-Anzügen und Krawatten, seinen »moralischen Standards« und »albernen Regeln«. Den »goldenen Handschlag« – den guten Lohn für fleißige Arbeit – lehnt er ab. Für Bon Scott ist das alles »eine dreckige Lüge«. Er lehnt die bürgerliche »Sch...« (ja, das Wort benutzt er) ab, weil er sich nicht als Trottel fühlt. Für die brave protestantisch-bürgerliche Welt, ob in Schottland oder in Australien, bestand ein christliches Leben aus fleißiger Arbeit, adrettem Äußeren, Befolgung von Regeln und strengen moralischen Standards. Alles, was sich dagegen wandte, war teuflisch und konnte nur in der Verdammnis enden. Bon Scott wählte den Pfad des Teufels, wurde Rocksänger und führte ein wildes Leben – auch wenn das bedeuten sollte, in der Hölle zu enden.

Ist das bürgerliche Leben ein Bestandteil der christlichen Religion? Es war der Soziologe Max Weber, der in seiner berühmten Schrift *Die protestantische Ethik und der Geist des Kapitalismus* zu dem Schluss kam, dass der Protestantismus – vor allem der Calvinismus und der in Nordamerika verbreitete Puritanismus – harte Arbeit und Sparsamkeit zum Ideal erhob. Materieller Reichtum wurde als Ausdruck des prädestinierten Gnadenstands interpretiert, sollte aber nicht dazu dienen, ein luxuriöses Leben zu führen. Stattdessen sollte gespart und investiert werden. Damit waren nach Webers Analyse die Protestanten viel besser in der Lage, Kapital aufzubauen als die Katholiken, die ihren »katholischen Schlendrian« pflegten – mit reichlich Feiertagen, Müßiggang, üppigem Alkoholgenuss, opulentem Essen und der Möglichkeit, jede Sünde durch die Beichte reinzuwaschen.

Es sei Martin Luther gewesen, der das Wort »Beruf« in die deutsche Sprache gebracht habe, von »Berufung« (durch Gott). Berufsarbeit galt als gottgegebene Aufgabe und als einziger Weg zum Heil. Ein gottgefälliges Leben zeichnete sich also aus durch: fleißiges Arbeiten, Pflichterfüllung, Gehorsamkeit gegenüber der Obrigkeit, Befolgung von Regeln, Disziplin, Bescheidenheit und Mäßigung im Hinblick auf sämtliche Triebe und Bedürfnisse. Das ist schon erstaunlich, denn die Bibel ist alles andere als lustfeindlich. Davon kündet schon das Hohelied des Salomo. Überhaupt war den Autoren der biblischen Schriften nichts Menschliches fremd. Immer wieder ist von Polygamie die Rede (z. B. bei David), von Ehebruch, von Prostitution, von homoerotischem Verkehr, von Vergewaltigungen, und in Genesis 19,30–38 wird sogar der Inzest gerechtfertigt. In der Bibel finden sich lediglich zwei Beschränkungen: Erstens soll die Ehe respektiert werden; das findet sich unter anderem in den Zehn Geboten. Zweitens werden demütigende, erniedrigende und gemeinschaftsschädliche sexuelle Akte verurteilt – insbesondere Vergewaltigungen zwischen Männern.

Für die Bochumer Theologin Isolde Karle hat die strenge kirchliche Sexualmoral keine biblischen, sondern historisch-gesellschaftliche Wurzeln. Sie empfiehlt deshalb den Kirchen »einen entspannteren Umgang mit Sexualität«. Nicht die Form, also die Institution der Ehe, sei entscheidend für eine zeitgemäße Sexualmoral, sondern, dass Freiheit, Gleichheit, Selbstbestimmung, Freiwilligkeit, Konsens, Gewaltfreiheit, aber auch Verlässlichkeit, Vertrauen, Dauerhaftigkeit, Partnerschaftlichkeit und Liebe gelten.[91]

Bon Scotts Hauptsünde war der Alkohol. Und das ist der größte Witz: Es gibt 138 Bibelstellen, die das Wort »Wein«

erwähnen, und über 500, die den Wein indirekt ansprechen. Weit überwiegend wird er positiv gesehen, als lebensnotwendiges Nahrungsmittel, das häufig als Belohnung betrachtet wird. Das erste Wunder Jesu bestand darin, bei der Hochzeit zu Kana Wasser in Wein zu verwandeln, sogar in besonders guten Wein (Johannes 2,10). Aber es gibt auch Bibelstellen, wo Menschen unter Alkoholeinfluss Unsinn machen oder sogar bewusst betäubt werden. Alttestamentler warnen ohnehin davor, sich einzelne Stellen aus der an »Spannungen und Widersprüchen« reichen Bibel herauszupicken und sie außerhalb ihres historischen Kontexts wörtlich zu nehmen. So schreibt Jürgen Ebach über den willkürlichen Umgang mit der Bibel: »Biblische Worte und Texte werden dann zur Norm, wenn sie das bestätigen, was man aus anderen und teilweise durchaus honorigen Gründen selbst meint. Tun sie das nicht, werden sie als Zeugnisse einer vergangenen Lebenswelt abgebucht.«[92]

Jesus selbst hat einiges getan, was seine Gegner damals genauso verwerflich fanden wie die Eltern und Lehrer an Bon Scotts Verhalten. Im Matthäusevangelium, Kapitel 15, werfen die Pharisäer Jesus vor, dass seine Jünger die traditionellen Reinheitsregeln nicht befolgen. Jesus bezeichnet diese Regeln dann, wenn wir die Worte von Bon Scott benutzen wollen, sinngemäß als »silly rules«. Er kritisiert auch die fragwürdigen »moral standards« der Pharisäer, die die Menschen kaum zu erfüllen vermochten (Matthäus 23,4–5). Jesus war für damalige Verhältnisse tatsächlich so etwas wie heute ein Rockstar. Er wurde von Frauen umschwärmt, er trieb sich mit fragwürdigen Gestalten herum (Markus 2,15–17) und feierte mit seinen Jüngern so viel, dass dies Anstoß bei den Pharisäern erregte (Markus 2,18–19).

Und wir können sicher sein, dass dabei reichlich Wein im Spiel war – von der Hochzeit zu Kana bis hin zum letzten Abendmahl. Der Wanderprediger war nichts weniger als ein »rolling stone«.

Bon Scott hätte also gar kein so schlechtes Gewissen haben müssen. Hatte er den »Teufel im Blut«, als er das bürgerliche Milieu seines Elternhauses verließ und Rockstar wurde? Ganz gewiss nicht. Er war, im Gegenteil, ein besonders kreativer Mensch, der unzählige andere Menschen mit seiner Musik glücklich machte – und Kreativität verträgt sich nun einmal nicht mit »nine to five«, Krawatten und »silly rules«. Das Einzige an seinem Lebensstil, was wirklich teuflisch war, war sein extremer Alkoholkonsum, der ihn mit 33 Jahren zugrunde richtete. Aber Alkoholismus ist längst als Krankheit anerkannt, und wegen einer Krankheit landet man nicht in der Hölle.

Es ist ja auch gar nicht so klar, ob es diese Hölle überhaupt gibt. Prominente Theologen wie Karl Barth, Karl Rahner, Gisbert Greshake, Jürgen Moltmann, Eberhard Jüngel, Christine Janowski und andere weisen darauf hin, dass es auch eine »Allversöhnung« geben könnte. Das hieße, dass die Gnade Gottes allen Menschen, ob sündig oder nicht, zuteilwerden kann. Dann gäbe es höchstens eine leere Hölle. Bon Scott wird jedenfalls nicht darin zu finden sein.

V. E.

21.

Der himmlische Frieden im Gospel-Style: PEACE IN THE VALLEY von Johnny Cash

Genre: Country-Gospel

Komposition/Text: Thomas A. Dorsey

Interpret*innen: Mahalia Jackson (1939), Elvis Presley (1957), Little Richard (1961), Connie Francis (1961), Johnny Cash (1962/1969), Dolly Parton (2003), Faith Hill (2008) u.a.

Auszeichnungen *(Johnny Cash at San Quentin)*: Nr. 1 in den Country-Charts und in den Pop-Charts; 6x Platin, 2x Gold in verschiedenen Ländern

Alle Sorgen und alle Traurigkeit sind überwunden, keine Ärgernisse mehr in Sicht, nur noch Frieden! Ein frommer Wunsch, zu schön, um wahr zu sein? Darüber kann man nachdenken – erst recht, wenn man in einem der brutalsten Gefängnisse der USA sitzt. Am 24. Februar 1969 hörten die Gefangenen des San Quentin State Prison den Song – und sie empfanden ihn nicht als billige Vertröstung. Der Grund: Es war Johnny Cash, der ihn sang. Der coole Country-Star hatte in seinem Leben schon einige Tiefpunkte durchlitten: Alkoholabhängigkeit, Tablettensucht, Scheidung. Mit seinen Songs stellte er sich oft auf die Seite der »kleinen Leute« und der Outlaws der Gesellschaft. Auch im kalifornischen Folsom State Prison hatte er bereits ein Konzert gegeben. Der Live-Mitschnitt war entgegen der Einschätzung der Plattenfirma ein Erfolg geworden. Hier im San-Quentin-Knast war er schon dreimal aufgetreten. Nun spürten die Häftlinge: Cash war einer von ihnen, er machte ihnen nichts vor. Er hatte selbst schon mehrfach in einer Zelle gesessen, wusste also, wie es sich anfühlte, eingesperrt zu sein und in Handschellen vorgeführt zu werden. Cash hatte seinem Knast-Publikum sogar einen Song geschrieben, *San Quentin,* in dem er das Zuchthaus als Hölle bezeichnete und sich wünschte, dass die Gefängnismauern fallen mögen. Und nun singt er von Zuständen, die sowohl die Gefangenen als auch das Wachpersonal kennen: müde und erschöpft zu sein. Den himmlischen Frieden, der die Mühsal des irdischen Lebens beendet, beschrieb er nun genauso leidenschaftlich, wie er die Zustände in San Quentin anprangerte. Seine christliche Hoffnung: Wenn der Herr kommt und ihn in die Ewigkeit ruft, dann wird die Beschwernis des irdischen Lebens enden. Auch Bilder aus den berückenden schönen Visionen des biblischen Propheten Jesaja sind in das Lied eingebaut, sie beschreiben das himmlische Friedensreich, in dem Wolf und Lamm friedlich beieinanderliegen und die wilden Tiere sogar Säuglingen nichts antun (Jesaja 11,6).

Was für ein Wandel: Weil er in seinem Leben keinen Frieden fand und Süchte ihn immer wieder einholten, hätte sich der baptistische Christ Johnny Cash im Jahr zuvor fast das Leben genommen. Er sei in eine tiefe, finstere Höhle gekrochen – ein Sinnbild auch für die innere Dunkelheit –, und als seine innere Taschenlampe erlosch, habe er sterben wollen. So schilderte Cash die dramatische (und sicherlich legendenhaft ausgeschmückte) Episode in seiner Autobiografie. Doch anstelle des Todes sei Gott in sein Leben getreten: »Ich spürte, wie mich plötzlich etwas Kraftvolles durchdrang, ein Gefühl vollkommenen Friedens, vollkommener Klarheit, vollkommener Nüchternheit.« Im Gebet sei ihm dann die Erkenntnis gekommen: »Ich würde sterben, wann Gott es für richtig hielt, nicht wann ich es wollte!« Auf wundersame Weise fand er zum Höhlenausgang zurück, wo seine Geliebte June ihn erwartete.[93]

June stand nun auch mit ihm auf der Gefängnis-Bühne in San Quentin und sang zur sonoren Stimme ihres Mannes (inzwischen hatten sie geheiratet) engelsgleich die Background-Vocals. So entstand eine außergewöhnlich berührende Version des Songs. Ein Fernsehteam filmte – auf diese Weise blieb der so bewegende wie denkwürdige Auftritt für die Nachwelt erhalten.

Den eingängigen Friedens-Song hat Cash jedoch nicht selbst geschrieben. Er stammt von Thomas A. Dorsey (1899–1993), einem seinerzeit bekannten Jazz- und Gospelmusiker. Wie Cash war der Pfarrerssohn in baptistischer Tradition aufgewachsen. Der Musiker hatte es in seinem Leben ziemlich krachen lassen. 1930 starben jedoch seine Frau und sein gerade geborenes Kind. Das löste einen Schock aus, der zu einem Nervenzusammenbruch führte. Fortan wollte er seine musikalischen Fähigkeiten für Gott einsetzen. Also wandte er der weltlichen Jazz- und Blues-Szene den Rücken zu und schrieb Gospels. Als wacher Beobachter der Weltereignisse spürte er, dass sich in Deutschland Schlimmes anbahnte: »Es war kurz bevor Hitler seine Kriegsboten nach Westeuropa schickte. Ich saß im Zug durch Süd-Indiana, sah in einem Tal Pferde, Kühe und Schafe friedlich weiden. Alles wirkte so friedlich. Und ich fragte mich: Was ist los mit der Menschheit? Warum können die Menschen nicht in Frieden leben?«[94]

In dieser Stimmung entstand das Lied *Peace in the Valley* – Dorseys Hoffnungslied, fast schon ein Glaubensbekenntnis.

Gospel-Queen Mahalia Jackson trug den Song vor. Einem Millionenpublikum bekannt wurde er 20 Jahre später durch Elvis Presley. Am 6. Januar 1957 sang er ihn in der prominenten *Ed-Sullivan-Show* – unspektakulär a cappella mit vier Sängern. Mehr als 54 Millionen Zuschauer hörten zu. Dass der King of Rock 'n' Roll ausgerechnet ein so frommes Friedenslied sang, überraschte. Und noch mehr überraschte seine Erklärung. Denn im Nachhinein widmete Presley den

Song den 250 000 Flüchtlingen, die kurz zuvor während der sowjetischen Besatzung Ungarns aus ihrem Land fliehen mussten. Sechs Millionen US-Dollar wurden daraufhin gespendet, die durch das Rote Kreuz an die Flüchtlinge verteilt wurden. Das Lied hielt sich einige Wochen in den Charts. Ein Gospel über den himmlischen Frieden hilft auf Erden den Opfern von Krieg und Gewalt. Ein vermeintlich harmloses frommes Liedchen schenkt unter Ungerechtigkeit und Krieg leidenden Menschen nicht nur Hoffnung, sondern bewegt andere auch dazu, ihnen zu helfen: allerhand.

Mit Presley verband Johnny Cash viel. Presley war ihm am Beginn seiner Karriere ein großes Vorbild gewesen. Im Sun Records Studio in Memphis hatte Elvis seinen ersten Hit aufgenommen. Cash wollte ebenfalls einen Kalt-Karrierestart wie Elvis hinlegen. Also nervte er den Studiobesitzer, bis der ihn vorsingen ließ. Mit Erfolg: Cash nahm mit seinen beiden Musikern, den *Tennessee Two,* einen Song auf. *Hey Porter* wurde ein Hit. Cash ging erst im Vorprogramm von Elvis auf Tournee – dann auch allein. Der Ruhm und das Geld führten ihn jedoch bald in ein Drogen-Desaster. Verhaftungen folgten. Die Ehe mit seiner großen Liebe Vivian Liberto zerbrach. Das schlechte Gewissen, auch gegenüber seinen vier Töchtern, plagte ihn so sehr, dass er sein Leben beenden wollte.

Und auch nach besagtem Höhlenerlebnis und dem bewegenden Auftritt in San Quentin kam sein Leben noch nicht ganz in friedliches Fahrwasser. Es brauchte noch einige Entziehungskuren, bis er seine Abhängigkeiten überwand. Ein Tiefpunkt war sein Auftritt 1983 in der deutschen Show *Wetten, dass..?*, bei dem er seine Ansage lallte, offensichtlich betrunken.

Danach wurde es merklich ruhiger um den Star. Sein Körper rebellierte, oft musste er in die Klinik und Konzerte absagen. Dann jedoch sprach ihn der Erfolgsproduzent Rick Rubin an: Ob er nicht noch mal etwas ganz anderes machen wolle? Cash fasste Vertrauen. Er sang seine Lieblingssongs anderer Künstler, komponierte auch neue. Die so entstandene CD brach alle Rekorde und läutete Cashs Alters-Comeback ein.

Rubin und er wurden Freunde. Auch über Glaubensfragen sprachen sie. Rubin staunte: Bislang hatte er Cash für einen streng bibeltreuen Christen gehalten. Doch der eröffnete ihm, dass er auch die Gedanken des libanesisch-amerikanischen Poeten Khalil Gibran schätzte, der in wunderschönen Worten darlegte: Nicht nur eine, sondern alle Religionen verkünden Wahrheiten des Glaubens.[95]

Gibran gilt bis heute als Brückenbauer zwischen Christentum, Islam und fernöstlichen Religionen. Eigentlich ein No-Go für Evangelikale. In den Aufnahmepausen sprach Cash eine Auswahl der Texte aus *The Eye of the Prophet* als Hörbuch ein. Die Stimme, die sonst biblische Glaubenssätze besang, trug nun interreligiöse spirituelle Poesie vor – erstaunlich. Seit Mitte der 1960er-Jahre habe sein Vater immer ein Buch Gibrans in der Nähe gehabt, berichtete Cashs Sohn John Carter: »Er und meine Mutter verbanden sich auch über dieses Buch und seinen spirituellen Inhalt.«[96]

Vier CDs entstanden, auf denen Cash mit alterswunder Stimme singt. Der Song *Hurt* wurde zu seinem faszinierendsten Hit. »Was ist aus mir geworden, mein liebster Freund?«, fragt der Sänger und sieht sich in der Rolle eines leidenden Gottesknechts, der eine Dornenkrone trägt. Das offizielle Song-Video zeigt Cash von Krankheit und Alter gezeichnet. Während er vom Schmerz singt, laufen Bilder aus seinem Leben ab, und auch die Kreuzigung Jesu ist zu erkennen. Cashs Gesicht in Großaufnahme wirkt alt, gleichzeitig traurig und lebenssatt. Dann schließt er den Klavierdeckel und streicht darüber, als habe er trotz allem seinen Frieden gefunden. Im Frühjahr 2003 erschien das Video. Es wurde Music Video of the Year der Country Music Awards, später wurde es sogar mit einem Grammy für das beste Musik-Kurzvideo preisgekrönt. Cash gibt einige Interviews. Wie er denn im Rückblick mit den Brüchen in seiner Lebensgeschichte umgehe, fragt ihn ein Reporter. Cash antwortet: »Wenn Gott mir vergeben hat, sollte ich es selbst wohl auch tun!«[97]

Cashs Körper wird durch eine parkinsonähnliche Nervenkrankheit zusehends schwächer. Dazu belastet ihn die Trauer um June, die im Juni 2003 stirbt. Doch er singt weiter. Am 21. August nimmt er den letzten Song auf, *Engine 143.* »Näher, mein Gott, zu dir« lauten die letzten aufgenommenen Worte Johnny Cashs. Am 12. September stirbt er in einer baptistischen Klinik in Nashville – mit der unzählige Male besungenen Überzeugung: Jenseits des Jordans wird er alle seine Liebsten wiedersehen. June, seine Eltern und auch seinen geliebten früh verstorbenen Bruder Jack, den er immer so schmerzlich vermisst hat. Das wird ein Wiedersehen – dort im »Valley« des ewigen Friedens.

U. B.

22.

Die »Unheiligen« wählen die Treppe zum Himmel:

SWEET SOUNDS OF HEAVEN

von The Rolling Stones featuring Lady Gaga & Stevie Wonder

Genre: Blues-Rock, Soul, Gospel

Komposition/Text: Mick Jagger / Keith Richards

Interpreten: The Rolling Stones featuring Lady Gaga & Stevie Wonder

Erscheinungsdatum: 2023 auf dem Album *Hackney Diamonds* (Polydor)

***Auszeichnungen** (Album):* Nr. 1 in den Charts von 20 Ländern; 4x Platin, 4x Gold; Best Rock Album of 2023 von Classic Rock; 12 Best Albums of the Year von Associated Press; Top 100 Albums of the Year des Rolling Stone u. a.

18 Jahre lang hatten die Rolling Stones kein Album mehr mit eigenem Material aufgenommen. Fast hätte man im Jahr 2023 meinen können, die *Glimmer Twins* (so nannte sich das Komponistenduo Mick Jagger und Keith Richards selbst) hätten sich zur Ruhe gesetzt. Und dann – Mick Jagger hatte inzwischen seinen 80. Geburtstag hinter sich, Keith Richards war knapp davor – erschien *Hackney Diamonds*. Auf *Hackney Diamonds* spielen die Stones, was sie am besten können: kraftvollen Blues-Rock, unterstützt von einer Reihe hochkarätiger Gastmusiker und -musikerinnen wie Paul McCartney, Elton John, Stevie Wonder und Lady Gaga. Und das mit Abstand längste Stück des Albums, an dem gleich zwei Gaststars mitgewirkt haben und das auch als Singleauskopplung erschienen ist, ist ein sehr persönliches musikalisches Gebet: *Sweet Sounds of Heaven*.

Die musikalische Form ist ein rockiger Blues, eingeleitet von Stevie Wonders Piano-Riffs, ergänzt mit E-Gitarren-Licks von Keith Richards. Mick Jagger beginnt mit dem Gesang, der soulig wird, wenn Lady Gaga einsteigt. Im Duett stimulieren sich Lady Gaga und Mick Jagger gegenseitig zu gospelartiger Ekstase. Ein musikalisch brillanter Rahmen für ein Gebet, das sich auch anhört wie ein Gebet. In immer neuen Varianten singen Mick Jagger und Lady Gaga von süßen Klängen und Düften, die mal vom Himmel fallen, mal herabdriften, mal herabtrudeln. Die Wiederholung wirkt beinahe hypnotisch, wie bei einem Gebet, mit dem man sich in Trance begibt, der Welt entrückt und eins wird mit Gott.

Der Song handelt davon, dass das Göttliche vom Himmel zur Erde kommt. Und es kommt in Form von Musik. Mick Jagger lässt keinen Zweifel daran, dass es sich bei der himmlischen Musik um Rockmusik handelt, denn er singt davon, dass man den Sound des Schlagzeugs hört, der im Tal widerhallt und regelrecht explodiert. Das Tal, in dem die himmlische Musik erschallt, ist eine Anspielung auf die Gefahren des Lebens, wie sie der bekannte Psalm 23,4 benennt: »Und ob ich schon wanderte im finstern Tal, fürchte ich kein Unglück; denn du bist bei mir, dein Stecken und Stab trösten mich.«

Das Gebet, so rockig es auch ist, enthält durchaus konventionelle Lobpreisungen und Bitten. Vater und Sohn sollen gesegnet werden, Frauen und Kinder sollen nicht hungernd zu Bett gehen. Sänger und Sängerin beten um Schutz vor Schmerz und Verletzung. Wir sollen die süßen Geräusche der Kinder hören, die das Land ihrer Geburt preisen (das Video blendet an der Stelle die Silhouette der Londoner City mit dem Gherkin-Gebäude ein).

Und dann werden Mick Jagger und Lady Gaga in einem gemeinsam gesungenen Part sehr persönlich. Sie wählen nicht, wie zahlreiche ihrer Musikerkollegen, den *Highway to Hell,* sondern den *Stairway to Heaven.* Sie singen, dass sie nicht in einem erbärmlichen Motel in der Wüste Arizonas an einer Überdosis Drogen oder Alkohol zugrunde gehen wollen. Aber das heißt nicht, dass sie unter die Asketen gehen wollen. Sie werden weiter ihren Spaß haben, sie werden lachen, aber auch weinen, durch Höhen und Tiefen gehen. Sie werden auch die biblischen Speisen Brot und Wein genießen, insbesondere den Wein, denn Mick Jagger will endlich seinen spirituellen Durst stillen. Zum Sterben ist der achtzigjährige Komponist des Songs noch nicht bereit. Er will weiterleben, und zwar gut und lebenslustig. Seine spirituelle Sehnsucht hat er offensichtlich befriedigen können. *Sweet Sounds of Heaven* ist der Beweis dafür, dass er seinen Glauben gefunden hat.

Dann kommt eine Bridge, die bereits musikalisch zeigt, dass jetzt etwas Besonderes folgt. Die Bridge singt Jagger allein, denn sie geht ihn allein etwas an. Er singt, dass es kein Licht gibt ohne einen kleinen Schatten. Damit nimmt er ein Motiv aus *Sympathy for the Devil* auf: In jedem Sünder steckt ein Heiliger – und umgekehrt. Licht und Schatten, Gutes und Böses, bedingen einander; keines der beiden gibt es in Reinform ohne das andere. Er bekennt sich zu seinen Schwächen. Jagger bringt eine weitere Erkenntnis ein: Er, der notorische Womanizer, hat im reifen Alter erkannt, dass Amors Pfeil ein Ziel benötigt. Das hat Immanuel Kant schon so ähnlich gesagt: Der andere soll uns nicht nur ein Mittel sein, sondern auch ein Zweck. Das hatte Mick Jagger häufig vernachlässigt, als er Frauen oft genug wie Sexobjekte behandelt hat. Er schließt die kleine Beichte damit ab, dass er im »Regen« der »himmlischen Liebe« »durchnässt« werden will. Diese Formulierung könnte aus der Feder eines mittelalterlichen Mystikers stammen: »durchnässt von Gottes Liebe«.

Die Bridge geht zu Ende und das musikalische Hauptthema des Songs wird fortgesetzt, jetzt aber mit gesteigerter Intensität, und auch Lady Gaga verstärkt mit ihrer Stimme die Kraft von Jaggers Gesang. Und wieder geht es um Musik. Gott soll die Musik laut spielen, sie soll vom Himmel herab durch die Wolken explodieren. Sie wollen singen, sogar laut schreien. Sänger und Sängerin beten zu Gott, dass er den Alten den Glauben verleiht, dass sie immer noch jung sind. Das ist die Essenz der lauten, explosiven, ekstatischen, ungehörigen Rockmusik: Sie verhindert, dass man alt wird, dass man gebrechlich wird, dass man konservativ und spießig wird. Die Rockmusik ist es, die den Achtzigjährigen jung hält.

In der Albumversion wird die Musik ekstatisch. Soli von Gitarren und Bläsern überlagern sich, der Gesang beschwört noch einmal die süßen Klänge des Himmels. Dann bringt ein Schlussakkord das Stück zu Ende. Aber es ist noch nicht zu Ende. Bei 5:13 hört man Lady Gaga kurz kichern, das Schlagzeug setzt wieder ein, Lady Gaga singt leise »sweet sounds of heaven«, der Bass stimmt ein, Mick Jagger fordert Stevie Wonder auf, wieder in die Tasten zu greifen, und dieser improvisiert ein paar Noten, bevor die gesamte Band einsetzt. Wie in einer Jamsession wird das Lied wieder aufgenommen. Die Klänge und Düfte des Himmels werden noch einmal beschworen, Mick Jagger und Lady Gaga albern mit ihren Stimmen herum; Pianist, Gitarristen und Bläser geben noch einmal alles. Und dann werden wir zusätzlich damit überrascht, dass noch ein neuer Text kommt: Mick Jagger singt, dass die Götter von oben herab lachen. Und es ist nicht, wie bei Sarah Lesch, Schadenfreude. Sondern es ist die Freude darüber, dass sich Mick Jagger noch seines Lebens und seines Glaubens erfreut. Und dann, ganz zum Schluss, der jetzt wirklich kommt, singt Jagger eher leise: Lass' mich mich niederlegen und schlafen. Der Sänger darf sich zum Sterben niederlegen und die ewige Ruhe finden. Jagger bietet seine bemerkenswert fromme Lektion in Sachen Tod an. Sterben in Rock 'n' Roll-Manier.

Dieses Stück enthält erstaunlich konventionelle Versatzstücke christlicher Gebete: das Preisen von Vater und Sohn, das Beten um Brot für Frauen und Kinder, das Bitten um Schutz vor Schmerz und Leid. Aber es ist auch eine sehr persönliche Glaubensbiografie von Mick Jagger. Er gibt zu, dass er nicht immer ein Engel war, er bekennt sich zum Wein und zur Liebe. Aber er sagt auch klar, dass er den Absturz vermieden hat, dass er irgendwann dann doch noch zum Glauben gefunden hat. Als fitter Achtzigjähriger will er seine letzten Jahre noch genießen, aber er ist bereit, sein Ende mit Zuversicht zu erwarten. Und über allem schwebt die Musik, auch in ihrer rockigen Form, als Geschenk des Himmels.

Das könnte fast kitschig sein. Aber die Stones bleiben die Stones. Als sie im intimen New Yorker Racket-Club das Live-Video aufnahmen, waren keine Kreuze zu sehen, stattdessen eine Laga Gaga im tief ausgeschnittenen Glitzerkleid. Sänger und Sängerin stimulierten sich gegenseitig, sangen und tanzten lasziv, zwischendurch alberten sie auch mit ihren Stimmen herum. Und als Jagger auf der Pressekonferenz sagte, *Sweet Sounds of Heaven* sei eine Art Gospelsong, musste Keith Richards laut auflachen und sagen: »Gospel! Du bist doch in deinem ganzen Leben nie in einer Kirche gewesen!« »Einmal schon«, spielte Jagger das Spiel mit. »Wie ist das?«, führte Richards den Scherz fort. »Es ist ein großes Gebäude, normalerweise mit Bögen.«

Das war zwar ein typischer Rolling-Stones-Witz. Aber er enthielt auch ein Körnchen Wahrheit. Jagger hatte einmal in einem Interview mit dem *Independent* gesagt, er sei, wie die meisten Briten, »kein großer Gläubiger«.[98] Aber das hat ihn nicht davon abgehalten, gelegentlich eine Halskette mit einem Kreuz zu tragen, auf Wunsch seiner Braut Bianca zum

Katholizismus zu konvertieren und kirchlich zu heiraten. Und immer, wenn es wichtig wird, scheint ihm der Glaube doch zu helfen. Der musikalische Nachruf der Stones auf den verstorbenen Brian Jones, *Shine a Light,* enthält den Schlüsselvers »Möge der gute Herr ein Licht auf dich strahlen lassen«.

2001 sagte er in einem Interview mit Paul Du Noyer über die Religion: »Wenn sie Teil deines Lebens ist, dann sollte sie auch Teil deines Ausdrucks sein.« Und: »Ich mag es, über religiöse Themen zu schreiben.« Dabei nannte er drei Beispiele: seinen Gospel-Rock *Just Wanna See His Face,* den Rocksong *Saint of Me* und *Sympathy for the Devil.*[99] Und dann gibt es noch aus Jaggers Solo-Projekt den Song *Joy,* den er zusammen mit Bono singt. In diesem Lied begegnet der Sänger seinem persönlichen Jesus, der ganz modern auftritt. Jagger singt, wie er Jesus Christus begegnet. Der lächelt ihn an, zuckt mit den Schultern, als wollte er dem notorischen Frauenverführer seine vielen kleinen Sünden vergeben, und steckt sich eine Zigarette an. Jesus als Kumpel der Rockstars. Aber der Sänger war auch schon in diesem Song reumütig. Er hat seine Seele einfach in den Dreck geworfen. Dabei ist sie ein Diamant. Aber seine Hände sind blutig, weil er im Dreck danach gekratzt hat. Und wie später in *Sweet Sounds of Heaven* blickt er empor zum Himmel, und ein himmlisches Licht fällt in sein Gesicht. Niemals, niemals hätte er gedacht, jemals in den Stand der Gnade zu gelangen.

Mick Jaggers Jesus ist nicht der puritanische, lustfeindliche des konservativen Bürgertums. Er ist der coole Jesus, mit dem man eine rauchen kann. Der einen zum Tanzen bringt und der es laut mag, wie Rockmusiker eben sind. Und der ihm Gnade gewährt, auch wenn er in seinem Leben viel

Mist gebaut hat. Wenn Jagger in *Saint of Me* singt, dass man keinen Heiligen aus ihm machen könne, dann meint er damit, dass er kein Scheinheiliger wird. Seine unheiligen Leidenschaften kann er nicht bezähmen, selbst wenn es den Engel eine Träne kostet. Aber wenn sich selbst Jesus eine Zigarette ansteckt, können kleine Sünden nicht so schlimm sein …

Mick Jaggers Verhältnis zum Glauben ist nicht ungewöhnlich für Westeuropäer. In der Typologie der aktuellen Kirchenmitgliedschaftsuntersuchung würde man ihn wohl zur Gruppe der »Religiös-Distanzierten« zählen: Er kommt aus einem Elternhaus, das der anglikanischen Kirche angehörte, wo aber die Religion keine besondere Bedeutung hatte. Jagger übernahm diese Einstellung, brach nie mit dem Christentum, hatte auch kein Problem damit, auf Wunsch seiner Braut die Konfession zu wechseln. Er ist nie ein regelmäßiger Gottesdienstbesucher gewesen, und seinen Lebenswandel mit illegalem Drogenkonsum in jungen Jahren, antibürgerlichen Provokationen und einem extremen Sexleben, das manche Frau unglücklich machte, hat er selbst als »unchristlich« bezeichnet. Aber immer wenn es wichtig wird, wenn ein Freund stirbt oder als er sein eigenes Ende nahen sieht, findet er Halt im Glauben. Und mit zunehmendem Alter rückt er in der religionssoziologischen Skala wohl deutlich näher in Richtung einer »kirchennahen Religiosität«. *Sweet Sounds of Heaven* ist der Beleg dafür. Aber sein Jesus zündet sich nach wie vor Zigaretten an. Und sein Gott liebt laute Rockmusik.

Lady Gaga ist Mick Jaggers Schwester im Geiste, obwohl ihre Glaubensbiografie ganz anders ist. Die Italoamerikanerin war streng katholisch erzogen worden und liebt es genau deshalb, mit ihrer offenen Bisexualität und gewagten Outfits zu provozieren (wir erinnern uns an ein Kleid aus Fleisch). Die offiziellen Positionen ihrer Kirche kann die LGBTQ-Aktivistin nicht teilen. Mit ihrem Song *Judas* hat sie uns verraten, wie ambivalent ihr Glaube ist. Ihre Tugend heißt Jesus, aber Judas ist ein Dämon, an dem sie hängt. Sie nennt sich selbst in dem Songtext einen »heiligen Dummkopf«, weil sie im Innersten ihres Herzens gläubig ist, aber nicht von dem lassen kann, was konservative Religionsgemeinschaften als »Sünde« bezeichnen. Aber hatte nicht Mick Jagger schon vor langer Zeit gesungen, dass alle Sünder Heilige sind?

In einem Interview mit Larry King hatte sie offen über ihre Religiosität gesprochen: »Ich bin sehr religiös. Ich bin katholisch aufgewachsen. Ich glaube an Jesus. Ich glaube an Gott. Ich bin sehr spirituell. Ich bete sehr viel.« Aber sie sagte zugleich, dass sie mit ihren Gefühlen gegenüber der Kirche kämpft: »Religion und die Kirche sind zwei vollständig getrennte Dinge.« Denn Kirchen sind rassistisch, homophob oder intolerant gegenüber anderen Religionsgemeinschaften. »Also kannst du sagen, dass ich eine ziemlich religiöse Frau bin, die über Religion sehr verwirrt ist. Und ich träume von einer Zukunft, in der wir eine friedfertigere Religion haben oder eine friedfertigere Welt, eine friedfertigere Geisteshaltung gegenüber der jüngeren Generation. Das ist das, wovon ich träume.«[100] Lady Gaga träumt auch davon, eines Tages in den Himmel zu kommen. Deshalb konnte sie auch *Sweet Sounds of Heaven* mit vollem Herzen singen.

Sweet Sounds of Heaven ist das Bekenntnis der »Unheiligen«, trotz ihrer menschlichen Schwächen den Weg zum Himmel zu wählen. Die Musiker, die nicht von Sex and Drugs and Rock 'n' Roll lassen können, sind die moderne

Version der Sünderin aus Lukas 7,37–50, der Jesus vergibt, weil sie glaubt und liebt oder, in modernen Worten, weil ihr Wertekompass stimmt. In *Sweet Sounds of Heaven* singt Mick Jagger, dass er trotz seiner »kleinen Schatten« nicht zur Hölle fahren will. Für ihn und Lady Gaga war es noch nicht zu spät, den rechten Weg zu wählen, so wie es schon 52 Jahre zuvor in *Stairway to Heaven* empfohlen wurde.

V. E.

OUTRO

Unsere Untersuchung hat Erstaunliches zutage gefördert. Da gibt es Hard-Rocker, die mittelalterliche Moralvorstellungen verkünden. Eine Sängerin, die Gott als Schlunz wie du und ich beschreibt, der nach Feierabend einsam in seinem Himmel sitzt und auf einen Anruf des Papstes wartet. Ein jüdischer Sänger singt davon, dass nur die Ertrinkenden Jesus sehen können. Eine sexy Popsängerin, die sich im Stile mittelalterlicher Mystikerinnen mit Gott vereinigt. Da gibt es furchterregende Gestalten, die mit gewaltigen poetischen Worten darüber reflektieren, ob Nietzsche recht oder unrecht hat. Eine zwölfjährige Singer-Songwriterin klagt angesichts einer Katastrophe wie ein davidischer Psalmbeter die Untätigkeit Gottes an.

Die Gottesbilder, die in Pop- und Rocksongs auftauchen, sind so individuell, wie die Glaubensbiografien vieler Sängerinnen und Sänger ungradlinig sind. Viele der Pop- und Rockmusikerinnen und -musiker hatten eine strenge religiöse Erziehung hinter sich, in der konservative Moralvorstellungen gelehrt wurden, gegen die sie, die kreativen Geister, rebellierten. Einige Songs künden immer noch von den Schuldkomplexen, von denen sie sich angesichts ihrer Lebensstile nicht befreien können. Mitunter rechnet man sogar damit, deswegen in der Hölle zu enden. Aber zumeist verarbeiten die Musikerinnen und Musiker die Widersprüche zwischen strenger Moral und freizügigem Lebensstil zu individuell geprägten Gottesbildern, die der Theologe Ernst Troeltsch als »mystische Verinnerlichung« des Glaubens beschrieben hat, wie sie für Intellektuelle und Kreative typisch sei.

Drei Viertel der Musikerinnen und Musiker, deren Stücke wir untersucht haben, zeichnen sich durch eine ungradlinige Glaubensbiografie aus. Häufig ist ein Dreischritt zu beobachten, von einer strengen konservativ-religiösen Erziehung über eine Kritik an der Religion bis hin zu einer neu entdeckten persönlichen, mitunter mystischen oder multireligiösen Spiritualität. Kirchen- oder religionskritische oder gar rebellische Glaubenspositionen sind bei 68 % der Musikerinnen und Musiker zu erkennen.

Von den 33 Songs, die wir analysiert haben, beinhalten 82 % eine glaubenskritische Auseinandersetzung. Thematisiert werden Zweifel und Suchen, aber auch die Theodizee-Problematik, der Tun-Ergehen-Zusammenhang, Kritik an der Kirche, die Zweifel Jesu oder ein gebrochener persönlicher Glauben. Auch unkonventionelle oder respektlose Gottesbilder kommen vor. Eine gesellschaftskritisch-politische Botschaft vermitteln 61 % der Songs; häufig geht es gegen Krieg, Machtstrukturen, Geldgier, Kapitalismus, Ungerechtigkeit. Ein explizites ethisches Postulat findet sich in 55 % der Songs. 39 % thematisieren als »unchristlich« gebrandmarkte Lebensstile, insbesondere Sex, Alkohol und Drogen.

Bei aller Individualität der Glaubensbiografien und Gottesbilder greifen die Rock- und Popmusiker aber auch immer wieder auf ganz traditionelle Formen zurück: Glaubenszweifel und Anklagen gegen Gottes Ungerechtigkeit ähneln alttestamentlichen Psalmen und Klagen. Gottes

Liebe wird mit Metaphern beschrieben, die von mittelalterlichen Mystikern stammen könnten. Bibelzitate allenthalben. Und immer wieder, das liegt nahe, das Göttliche, das in der Musik zum Ausdruck kommt.

Immer wieder werden religiöse Aussagen aber auch mit sozialen und politischen Forderungen verknüpft. Jesus rebellierte gegen die Obrigkeit, Jesus predigte Liebe, Toleranz und Vergebung, er setzte sich für die Ausgestoßenen ein, er klagte Scheinheiligkeit an. Und damit sind wir bei dem klassischen Dreischritt von Glauben, Werten und politischem Handeln.

Die Kapelle auf dem Campus der Universität von Tampa, Florida, einer wunderschönen Stadt, an die Patti Smith allerdings nicht die besten Erinnerungen hat (sie ist dort von der Bühne gestürzt), nennt sich *Center for Faith and Values – Zentrum für Glauben und Werte.* Das stellt den Zusammenhang von Glauben und Werten heraus. Die Basis unserer Werte, der Menschenwürde und der Menschenrechte liegt im Glauben, dass wir als Gottes Ebenbilder erschaffen worden sind, dass Jesus Nächstenliebe gepredigt hat, die so weit ging, dass er sich selbst geopfert hat, und dass wir für unsere guten Taten mit dem ewigen Leben belohnt werden. Auf diesen Zusammenhang hat insbesondere Immanuel Kant in seiner *Kritik der Urteilskraft* hingewiesen.

Über die metaphysischen Grundfragen des Lebens und über Werte wird in unserer säkularen Gesellschaft allerdings immer weniger geredet. Die Zahl der Kirchenmitglieder und Gottesdienstbesucher ist drastisch zurückgegangen. Durch den Bedeutungsverlust von Printmedien und öffentlich-rechtlichen Fernsehsendern zugunsten zersplitterter Filterblasen und Echokammern im Internet sind uns gemeinsame, von einer breiten Bevölkerungsmehrheit geteilte Diskursplattformen abhandengekommen. Was Eltern, Lehrer und Politiker sagen, kommt bei jungen Menschen häufig nicht wirklich gut an, erreicht manchmal sogar – wie übrigens bei vielen Rock- und Popmusikern – das genaue Gegenteil. Umso bedeutsamer ist es, wenn es Musikstücke gibt, die spirituelle Themen behandeln. Und die Pop- und Rocksongs behandeln spirituelle Themen so, dass man sich selbst erkennt und sich selbst damit identifizieren kann.

Es sind die Konflikte zwischen eigenem Lebensstil und Moralvorstellungen, die in den Songs angesprochen werden. Es sind Zweifel an der Gerechtigkeit Gottes, die, mitunter auf hohem philosophischem Niveau, zum Ausdruck gebracht werden. Es ist vielfach ein *gebrochenes Halleluja,* das nicht nur Leonard Cohen singt. Es sind Heucheleien und gesellschaftliche Missstände, die als gottlos angeklagt werden. Es sind aber auch Trost und Hoffnung, die der Glaube in schwierigen Situationen spenden kann.

Immer wieder kommt auch zur Sprache, dass wir im Alltag zu wenig über uns und die Welt nachdenken. Die Sucht nach oberflächlichem Konsum, die kapitalistische Geldgier, das Streben nach Macht, aber auch die Gedankenlosigkeit des alltäglichen Hamsterrads haben uns von den menschlichen Werten entfernt und auch von dem Nachdenken darüber, woher wir kommen, wer wir sind und wohin wir gehen. Und es sind ausgerechnet harte Riffs, Dance-Pop-Rhythmen und Folksong-Melodien, die uns daran erinnern, das Nachdenken über diese Fragen nicht zu vergessen.

Music matters. Die musikpsychologische Forschung hat inzwischen bestätigt, was der alte Platon schon vor weit über 2000 Jahren erkannt hatte: Dass Melodie und Rhythmus direkt in unsere Seelen dringen. Musiktexte – seit einiger Zeit auch die Bilder, die die dazugehörigen Videos vermitteln – werden viel direkter und unmittelbarer wahrgenommen als gelesene oder gehörte Texte. Das gilt auch für englischsprachige Texte. In einem Seminar an der Hochschule Düsseldorf haben wir uns mit Liedern aus den verschiedensten Genres befasst, die eine politische oder gesellschaftliche Message hatten. Wir haben Menschen aller Altersgruppen nach den Botschaften gefragt, die sie in den Liedern wahrgenommen haben, und das Ergebnis war eindeutig: Von 368 befragten Personen haben 96 Prozent inhaltliche Botschaften in den Liedern wahrgenommen; handelte es sich um Lieder in der eigenen Sprache, waren es 97 Prozent, bei fremdsprachigen (meist englischsprachigen) Liedern waren es immer noch 94 Prozent. Typisch war die Aussage: *Auch wenn man nicht jedes englische Wort versteht, geht die Botschaft aus den Schlagworten und der Art, sie zu singen, hervor.*

Pop- und Rocksongs sind die Musik unserer Zeit. Pop- und Rocksongs warten auch immer wieder mit Texten auf, die eine Botschaft vermitteln. Und gelegentlich sind spirituelle Botschaften dabei. Für diese Themen haben die Musiker häufig das Beste verwendet, was sie in musikalischer Hinsicht zu bieten hatten. Viele der Songs, die sich mit spirituellen Themen befassen, waren Nummer-eins-Hits und gehören zu den erfolgreichsten, die die jeweiligen Interpreten veröffentlicht haben. Wenn es bei Thomas the Rhymer und in dem alten Kirchenlied von Samuel Gottlieb Bürde heißt, der Pfad zum Himmel sei steil und dornig, so lässt sich das heute etwas anders formulieren: Der *Highway to Heaven* ist mal melodisch, mal rockig, und er ist gesäumt von Riffs und Beats.

QUELLENANGABEN

Die Basisinformationen zu den Songs und ihren Auszeichnungen sind Wikipedia entnommen.
Das Zugriffsdatum für die Internetquellen ist der 1. Juli 2024.

Der Pfad zum Himmel ist dornig: *Stairway to Heaven* **von Led Zeppelin**

1 Plant, Robert. In: Spitz, Bob: Led Zeppelin: The Biography. London: Penguin 2021, S. 259 f.
2 Plant, Robert. In: Davis, Stephen: »I saw that the gods of rock were mere mortals.« The Times vom 22. Oktober 2010.
3 Springorum, Björn: Monument in Moll: Die Geschichte von »Stairway To Heaven«. U Discover vom 17. Februar 2021.
4 Plant, Robert. In: Davis, Stephen: »I saw that the gods of rock were mere mortals.« The Times vom 22. Oktober 2010.
5 Der maßgebliche Ausschnitt aus der Fernsehsendung ist hier verfügbar: https://www.facebook.com/watch/v=127275668655524
6 Alle Zitate nach: Starkey, Arun: The »satanic« messages within Led Zeppelin song ›Stairway to Heaven‹. Far Out vom 18. November 2021. https://faroutmagazine.co.uk/satanic-messages-led-zeppelin-song-stairway-to-heaven/

Gott als Schlunz wie du und ich: *One of Us* **von Joan Osborne**

7 Osborne, Joan: Interview. In: McCartney, Kelly: Singers Gonna Sing: An Interview with Joan Osborne. Medium vom 17. Februar 2015.
8 Ebda.
9 Osborne, Joan: Interview. In: Lei, Richard: The Pop Hymn that Everyone's Humming. Washington Post vom 19. Dezember 1995.
10 Schutte, Chris: The Unknowable Becomes Known. Christ Church Anglican, 23. Dezember 2016. https://christchurchphoenix.org/the-unknowable-becomes-known/
11 Martin, Matthew: Musings on Joan Osborne's »One of us«. North Heights Church of Christ, 29. März 2021. https://www.northheightscoc.org/one-of-us/
12 Golubtchik, Sarah: The BEST: One of Us. Tradition: A Journal of Orthodox Jewish Thought vom 30. Dezember 2021.

Die Poesie christlicher Erzählungen: *Jesus Was an Only Son* **von Bruce Springsteen**

13 Bruce Springsteen: Born to Run. Die Autobiografie, München 2016 (auch folgende Zitate).

Das gebrochene Halleluja: *Suzanne* **und** *Hallelujah* **von Leonard Cohen**

14 Cohen, Leonard: »I am the little Jew who wrote the Bible«. Gespräch mit Arthur Kurzweil am 23. November 1993 in New York City.
15 Ebda.
16 Cohen, Leonard: Interview im BBC-Radio 1, ausgestrahlt am 8. Juli 1994.

17 Cohen, Leonard: Leonard Cohen talks about the poetic mind. CBC 1966: CBC Archives. https://www.youtube.com/watch?v=Yta36Ry8UFc
18 Sloman, Larry: Interview im Film von Daniel Geller und Dayna Goldfine: Hallelujah: Leonard Cohen, A Journey, A Song. 2022.
19 Cohen, Leonard: »I am the little Jew who wrote the Bible«. Gespräch mit Arthur Kurzweil am 23. November 1993 in New York City.

Vom Suchen und Finden: *I Still Haven't Found What I'm Looking For* **von U2**

20 Bono. Surrender: 40 songs, eine geschichte, Autobiografie (German Edition), Droemer, eBook, Kindle-Version, S. 599.
21 Stockman, Steve: Walk On. Die geistliche Reise von U2, Lüdenscheid 2002.
22 Bono. Surrender: 40 songs, eine geschichte, Autobiografie (German Edition), Droemer, eBook, Kindle-Version, S. 10.
23 taz vom 11. Mai 2020.
24 SPIEGEL ONLINE vom 28. Oktober 2022.
25 Oberösterreichisches Volksblatt vom 2. Dezember 2022.
26 Bono / Peterson, Eugene: The Psalms. Kurzfilm. Fourth Line Films Production/Fuller Studios, 2016.
27 Bono. Surrender: 40 songs, eine geschichte, Autobiografie (German Edition), Droemer, eBook, Kindle-Version, S. 611.

»Jesus starb für irgendjemandes Sünden, aber nicht für meine«: *Gloria* **von Patti Smith**

28 The Patti Smith Logbook. Chronology. 23.01.1977.
29 Smith, Patti: Interview. In: Brazier, Chris: The Resurrection of Patti Smith. Melody Maker vom 18. März 1978.
30 Smith, Patti: Interview. In: Amorosi, A. D.: Seventh Heaven. Philadelphia City Paper vom 23. November bis 1. Dezember 1995.
31 Troeltsch, Ernst: Die Soziallehren der christlichen Kirchen und Gruppen. Berlin/Boston: de Gruyter 2021, S. 1848 ff.

Der Himmel auf Erden: *Heaven's Here on Earth* **von Tracy Chapman**

32 Neue Zürcher Zeitung vom 6. Oktober 2002.

Gott stößt die Gewaltigen vom Thron und erhebt die Niedrigen: Das Album *Theology* **von Sinéad O'Connor**

33 O'Connor, Sinéad: Rememberings. New York: Dey Street Books 2021.
34 O'Connor, Sinéad: Zitat. In: Power, Ed: »She was deemed mad and unpredictable«: The day Sinead O'Connor tore up a photo of the Pope on Saturday Night Live. The Independent vom 3. Oktober 2022.
35 Madonna: Zitat. In: Pareles, Jon: POP VIEW; Why Sinead O'Connor Hit a Nerve. New York Times vom 1. November 1992.
36 O'Connor, Sinéad: Open letter. In: Hochman, Steve: Sinead's Defense: She Says She Seeks Truth. Los Angeles Times vom 24. Oktober 1992.
37 Sheffield, Rob: Theology. Rolling Stone vom 13. Juni 2007.
38 Murphy, Adrienne: Theology. Hot Press vom 21. Juni 2007.

39 O'Connor, Sinéad: Interview. In: Stokes, Niall: Don't Cry For Me. Hot Press vom 20. März 2001.

Warum gibt's Kriege und Hunger? *Interview mit Gott* **von Udo Lindenberg**

40 Lindenberg, Udo (mit Hermann, Kai): Panikpräsident. Die Autobiografie. München 2004.

41 Im Gespräch mit dem Autor.

42 Im Gespräch mit dem Autor.

43 Abgedruckt in Lindenberg, Udo: Das Textbuch, Frankfurt (Main) 1981. Abdruck mit freundlicher Genehmigung des Autors.

Die Gerechtigkeit Gottes und der Menschen:
Karma **und andere Songs von Taylor Swift**

44 Swift, Taylor: Aussagen. In: Miss Americana. Dokumentarfilm 2020.

45 Madonna: Interview. In: Hiatt, Brian: Madonna Tells All: ›This is What a 56-Year-Old Ass Looks Like!‹. Rolling Stone vom 12. März 2015.

46 Taylor Swift – *Didn't They.* Youtube-Video vom 14. September 2021. https://www.youtube.com/watch?v=PeqsJRy-pc8

47 Bullivant, Stephen: A Theology of Taylor Swift. America. The Jesuit Review vom 5. Juni 2016.

»Ich glaube nicht, dass Gott tot ist«: *God Is Dead?* **von Black Sabbath**

48 Butler, Geezer: Interview. In: Milas, Alexander: Black Sabbath's Geezer Butler: My Life Story. Metal Hammer vom 19. Juli 2019.

49 Dio, Ronnie James: Interview. In: RONNIE JAMES DIO interview on religion and the Devil 2004 | Raw & Uncut. BangerTV. https://www.youtube.com/watch?v=U8Ln5GW-3as

50 Dio, Ronnie James: Interview mit Tommy Vance. BBC Radio 1, Friday Rock Show vom 21. August 1987; Transkription in Southern Cross No. 11, Oktober 1996, S. 27 f.

Die Schöpfung ist grandios – aber wir haben noch Nachholbedarf in Sachen Freundlichkeit: *Ein Stück vom Himmel* **von Herbert Grönemeyer**

51 Grönemeyer, Herbert am 27. Januar 2015 auf Facebook. https://www.facebook.com/herbertgroenemeyer/posts/10153510960223056

52 Todesanzeige Anna Henkel-Grönemeyer. Süddeutsche Zeitung vom 21. November 1998.

53 Grönemeyer, Herbert: Interview. In: »Man ist Mensch und macht vieles falsch«. Stern vom 29. August 2002.

54 Kreitmeir, Christoph: Christoph Kreitmeir über das Sonntagsevangelium. Ein Stück vom Himmel. Katholisch.de vom 24. Februar 2018. https://www.katholisch.de/artikel/16574-ein-stueck-vom-himmel

55 Pilz, Michael: Grönemeyers seltsam himmlische Töne. Die Welt vom 18. Januar 2007.

56 Kämmerlings, Richard: Wir sitzen alle in einem Gott. Frankfurter Allgemeine Zeitung vom 19. Januar 2007.

57 Kirschstein, Helmut: »Ein Stück vom Himmel« – Herbert Grönemeyers Song und das Motto des OKT. Norden, 5. Juli 2008.

58 Buck, Ann-Kristin: Ein Stück vom Himmel. Blog von Michael Hinrichs, Kirchenkreisjugendwart im Kirchenkreis Wesermünde. https://www.freun.de/ein-stuck-vom-himmel/

59 Kreitmeir, Christoph: Christoph Kreitmeir über das Sonntagsevangelium. Ein Stück vom Himmel. Katholisch.de vom 24. Februar 2018. https://www.katholisch.de/artikel/16574-ein-stueck-vom-himmel

Altersweise Einsichten über Gott in der Natur: *Every Grain of Sand* **von Bob Dylan**

60 Alan Posener, Shot of Love. Fünfzig Interpretationen bekannter und weniger bekannter Songs von Bob Dylan, Lukas Verlag Berlin 2024, S. 68

61 Vorwort zu Williams, Christian (Hg.): Bob Dylan in eigenen Worten, Heidelberg 2011.

62 Williams, Christian (Hg.): Bob Dylan in eigenen Worten, Heidelberg 2011.

63 Ette, Wolfram: Blind Willie McTell. In: Mössinger, Ingrid / Ette, Wolfram (Hg.): Bob Dylan. 5 Songs, Bielefeld/Leipzig 2009.

64 Deutschlandfunk vom 8. Dezember 2016.

65 Dylan, Bob: Die Philosophie des modernen Songs, München 2022 (auch folgende Zitate).

Unio mystica: *Like a Prayer* **von Madonna**

66 Madonna: Interview. In: Holden, Stephen: Madonna Re-Creates Herself – Again. New York Times vom 19. März 1989.

67 Ebda.

68 Madonna: Interview. In: Zehme, Bill: The Rolling Stone Interview. Rolling Stone vom 23. März 1989.

69 Ebda.

Was in der Trauer trägt: *Tears in Heaven* **von Eric Clapton**

70 Clapton, Eric: Mein Leben, Köln 2007 (auch folgende Zitate).

Elvis und die Hotline zum Himmel: *Personal Jesus* **von Depeche Mode**

71 Los Angeles Times, Ausgabe vom 21. März 1993.

72 Zitiert nach Wikipedia: https://en.wikipedia.org/wiki/Personal_Jesus Dort Beleg: https://en.wikipedia.org/wiki/Personal_Jesus#cite_note-9

73 Hilburn, Robert: Johnny Cash. Die Biografie, Berlin 2016.

74 Brown, Jake: Rick Rubin. Genie im Studio, Ditzingen 2022.

75 Bosse, André / Plauk, Dennis: Insight. Martin Gore & Depeche Mode, Höfen (A) 2010.

76 Interview mit Dave Gahan, Frankfurter Rundschau, 21. Januar 2019.

Geldgierige Prediger: *Jesus He Knows Me* **von Genesis**

77 Angley, Ernest: GRAPHIC AUDIO: Rev. Ernest Angley admits to 1996 incident. From the newsroom: the Canton Repository vom 17. Januar 2019. https://omny.fm/shows/rep-audio-vault/graphic-audio-rev-ernest-angley-admits-to-1996-inc

78 Huxley, Aldous: The Devils of Loudun. 1952.

79 MacArthur, John: A Colossal Fraud. Grace to You, Blogeintrag vom 7.12.2009. https://www.gty.org/library/blog/B091207

80 Anthony, Ole: Corruption in Televangelism and Paganism in the American Church. A speech presented Sept. 23, 1994, at the Philadelphia Conference on Cults, the Occult and the Word Faith Movement.

81 Döhling, Jan-Dirk: Reue Gottes (AT). WiBiLex, April 2012. https://www.bibelwissenschaft.de/stichwort/33422/

Gottlose Verhältnisse sind menschenfeindlich: *Testament* **von Sarah Lesch**

82 Lesch, Sarah: Interview. FFCH // INTERVIEW – SARAH LESCH. https://www.youtube.com/watch?v=Xb05KsT4iug.

83 Ebda.

84 Gerstenberger, Erhard Siegfried: Königskritik. In: WiBiLex – Das Bibellexikon, Stuttgart 2010. https://www.bibelwissenschaft.de/wibilex/das-bibellexikon/lexikon/sachwort/ anzeigen/details/koenigskritik/ch/3b78b6e219 f37abd-f899524ed90696a7/

85 Lesch, Sarah: Facebook-Post vom 25. September 2016. https://www.facebook.com/sarahleschphotos/a.303759569696872/1174986779240809/?type=3&locale=de_DE

Das Böse steckt in dir und mir: *Sympathy for the Devil* **von The Rolling Stones**

86 Stewart, David J.: Website »Jesus Is Savior« / The Rolling Stones & Satanism. März 2006. https://www.jesus-is-savior.com/Evils%20in%20America/Rock-'n'-Roll/rolling_stones.htm

87 Sadie, Stanley / Latham, Alison: Das Cambridge Buch der Musik. 13. Aufl. Frankfurt a. M.: Zweitausendeins 1997.

88 Jagger, Mick: Zitat. In: Rolling Stones Data: Mick Jagger previews ›Sympathy for the Devil‹ (1968). https://rollingstonesdata.com/quotes/mick-jagger-previews-sympathy-for-the-devil-1968/

89 Ulrich, Gerhard: Sympathy for the devil – und auf der Bühne ist der Teufel los! Vortrag zum Auftakt der Sommerkirche Welt 2017 am 3. Juli 2017. Evangelisch-lutherische Kirche in Norddeutschland.

90 Anger, Kenneth: Interview. In: Represa, Marta: Cult Filmmaker Kenneth Anger on His Love of the Occult. AnOther Magazine vom 25.5.2023.

Zur Hölle mit Ansage: *Highway to Hell* **von AC/DC**

91 Karle, Isolde: Liebe in der Moderne. Körperlichkeit, Sexualität und Ehe. Gütersloh: Gütersloher Verlagshaus 2014.

92 Ebach, Jürgen: Bibelauslegung: Homosexualität – ein Gräuel? Evangelisch.de vom 2. Februar 2011. https://www.evangelisch.de/inhalte/91368/02-02-2011/bibelauslegung-homosexualitaet-ein-graeuel

Der himmlische Frieden im Gospel-Style: *Peace in the Valley* **von Johnny Cash**

93 Cash, Johnny mit Carr, Patrick: CASH. Die Autobiografie von Johnny Cash, Hamburg 2021.

94 https://eu.staugustine.com/story/lifestyle/faith/2015/05/01/story-behind-song-peace-valley/16241484007/

95 Quelle: Dialog auf CD Johnny Cash: »Unearthed«, Track 17 »Book Review«.

96 Instagram-Nachricht an den Autor.

97 Cash, Johnny: The Last Interview: and Other Conversations (The Last Interview Series, English Edition), Melville House, Kindle-Version, S. 109.

Die »Unheiligen« wählen die Treppe zum Himmel: *Sweet Sounds of Heaven* **von The Rolling Stones featuring Lady Gaga & Stevie Wonder**

98 Jagger, Mick: Interview. In: Lister, David: Mick Jagger: Why he likes hard work and thinks his parents' generation were the real rebels. Independent vom 28. September 2007.

99 Jagger, Mick: Interview. In: Noyer, Paul Du: Afternoon Tea With Mick Jagger, London 2001. https://www.pauldunoyer.com/mick-jagger-interview-2001/

100 Lady Gaga: Interview mit Larry King bei CNN Larry King Live, gesendet am 1. Juni 2010.

ÜBER DIE VERFASSER

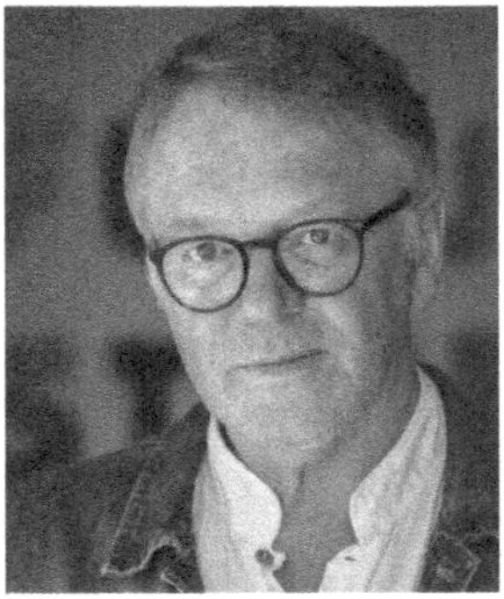

Foto: Maren Kolf

Uwe Birnstein (* 1962) arbeitet seit seinem Diplom-Abschluss in Evangelischer Theologie als freischaffender Publizist. Er veröffentlichte in der *ZEIT* und der *taz* und arbeitete fürs Fernsehen. Derzeit schreibt er hauptsächlich für ARD-Hörfunk-Sender. Der *SPIEGEL*-Bestseller-Autor veröffentlichte zahlreiche Bücher. Außerdem ist er als Musiker mit Live-Konzertlesungen unterwegs zu den Themen seiner »spirituellen Porträts«, die im Verlag Neue Stadt erschienen sind: *»Hallelujah«, Leonard Cohen! Wie Leonard Cohen Gott lobte, Jesus suchte und unsere Herzen berührt* (^{2}2021); *Forever Young, Bob Dylan! Wie der Rock-Rebell Gott sucht, Eigensinn lebt und den Frieden besingt* (2021); *Alles klar, Udo Lindenberg! Wie der Panik-Rocker den Frieden besingt, Gott interviewte und hinter den Horizont blickt* (2022); *Walk on, Johnny Cash! Warum der »Man in Black« am liebsten Gospels sang und Trost im Glauben fand* (2023).
www.birnstein.de

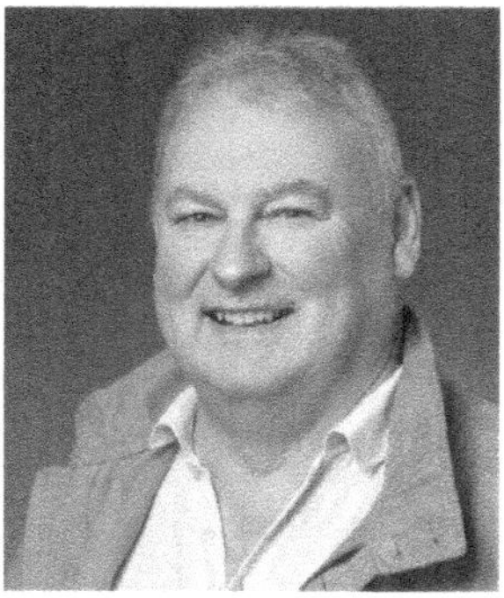

Foto: foto-leofa.de

Volker Eichener (* 1959) ist habilitierter Soziologe und Professor für Politikwissenschaft an der Hochschule Düsseldorf. Er hat sowohl über gesellschaftliche und politische Wirkungen der Rockmusik gearbeitet als auch über Werte, Menschenrechte und Demokratie. Er hat u. a. Beiträge zum *Großen Werklexikon der Philosophie* und zum Band *Die deutsche Philosophie im 20. Jahrhundert* geleistet.

Zuletzt hat er die Bücher *They Rocked the City: Rockmusik und gesellschaftlicher Umbruch* (Leipzig 2021: Zweitausendeins) und *Demokratie: Porträt einer Staatsform der Freiheit und Gleichheit. Entwicklung – Merkmale – Zukunft* (Wiesbaden 2023: Marix) veröffentlicht. Er ist verheiratet und hat zwei Kinder.

Der Verlag weist ausdrücklich darauf hin, dass im Text enthaltene externe Links vom Verlag nur bis zum Zeitpunkt der Buchveröffentlichung eingesehen werden konnten. Auf spätere Veränderungen hat der Verlag keinerlei Einfluss. Eine Haftung des Verlags ist daher ausgeschlossen.

Besuchen Sie uns im Internet:
www.bene-verlag.de

MIX
Papier | Fördert gute Waldnutzung
FSC® C014496

Originalausgabe Oktober 2024

Ein Imprint der Verlagsgruppe
Droemer Knaur GmbH & Co. KG, München

Lektorat: Stefanie Ramsperger und Stefan Wiesner
Covergestaltung: Maike Michel
Coverabbildung: thenatchdl/stock.adobe.com
Satz und Layout: Maike Michel
Druck und Bindung: GGP Media GmbH, Pößneck
ISBN 978-3-96340-297-5

5 4 3 2 1